崇文館

崇文国学经典普及文库
CHONGWEN GUOXUE JINGDIAN PUJI WENKU

小窗幽记

（明）陈继儒 著　雷芳 注译

長江出版傳媒 | 崇文書局

图书在版编目（CIP）数据

小窗幽记 / (明)陈继儒著；雷芳注译.—2版.—武汉：
崇文书局，2015.6（2019.9重印）
（崇文国学经典普及文库）
ISBN 978-7-5403-3866-4

Ⅰ.①小… Ⅱ.①陈… ②雷… Ⅲ.①人生哲学－中国－明代 ②《小窗幽记》－注释 ③《小窗幽记》－译文 Ⅳ.①B825

中国版本图书馆CIP数据核字（2015）第111022号

统　　筹：陈中琼
责任编辑：程　欣

出版发行：长江出版传媒 Changjiang Publishing & Media | 崇文書局 Chongwen Publishing House
（武汉市雄楚大街268号·湖北出版文化城主楼C座11层
营销：027-87293001　传真：027-87679712）
印　　刷：武汉科源印刷设计有限公司
开　　本：710×1000　1/16
印　　张：22.5
字　　数：248千字
版　　次：2015年6月第2版
印　　次：2019年9月第14次印刷
定　　价：39.60元

总序

现代意义的“国学”概念，是在19世纪西学东渐的背景下，为了保存和弘扬中国优秀传统文化而提出来的。1935年，王缁尘在世界书局出版了《国学讲话》一书，第3页有这样一段说明：“庚子义和团一役以后，西洋势力益膨胀于中国，士人之研究西学者日益众，翻译西书者亦日益多，而哲学、伦理、政治诸说，皆异于旧有之学术。于是概称此种书籍曰‘新学’，而称固有之学术曰‘旧学’矣。另一方面，不屑以旧学之名称我固有之学术，于是有发行杂志，名之曰《国粹学报》，以与西来之学术相抗。‘国粹’之名随之而起。继则有识之士，以为中国固有之学术，未必尽为精粹也，于是将‘保存国粹’之称，改为‘整理国故’，研究此项学术者称为‘国故学’……”从“旧学”到“国故学”，再到“国学”，名称的改变意味着褒贬的不同，反映出身处内忧外患之中的近代诸多有识之士对中国优秀传统文化失落的忧思和希望民族振兴的宏大志愿。

从学术的角度看，国学的文献载体是经、史、子、集。崇文书局的这一套国学经典普及文库，就是从传统的经、史、子、集中精选出来的。属于经部的，如《诗经》《论语》《孟子》《周易》《大学》《中庸》《左传》；属于史部的，如《战国策》《史记》《三国志》《贞观政要》《资治通鉴》；属于子部的，如《道德经》《庄子》《孙子兵法》《鬼谷子》《世说新语》《颜氏家训》《容斋随笔》《本草纲目》《阅微草堂笔记》；属于集部的，如《楚辞》《唐诗三百首》《豪放词》《婉约词》《宋词三百首》《千家诗》《元曲三百首》《随园诗话》。这套书内容丰富，而分量适中。一个希望对中国优秀传统文化有所了解的人，读了这些书，一般说来，犯常识性错误的可能性就很小了。

崇文书局之所以出版这套国学经典普及文库，不只是为了普及国学常识，更重要的目的是，希望有助于国民素质的提高。在国学教育中，有一种倾向需要警惕，即把中国优秀的传统文化“博物馆化”。“博物馆化”是20世纪中叶美国学者列文森在《儒教中国及其现代命运》中提出的一个术语。列文森认为，中国传统文化在很多方面已经被博物馆化了。虽然中国传统的经典依然有人阅读，但这已不属于他们了。“不属于他们”的意思是说，这些东西没有生命力，在社会上没有起到提升我们生活品格的作用。很多人阅读古代经典，就像参观埃及文物一样。考古发掘出来的珍贵文物，和我们的生命没有多大的关系，和我们的生活没有多大关系，这就叫作博物馆化。“博物馆化”的国学经典是没有现实生命力的。要让国学经典恢复生命力，有效的方法是使之成为生活的一部分。崇文书局之所以强调普及，深意在此，期待读者在阅读这些经典时，努力用经典来指导自己的内外生活，努力做一个有高尚的人格境界的人。

国学经典的普及，既是当下国民教育的需要，也是中华民族健康发展的需要。章太炎曾指出，了解本民族文化的过程就是一个接受爱国主义教育的过程："仆以为民族主义如稼穑然，要以史籍所载人物制度、地理风俗之类为之灌溉，则蔚然以兴矣。不然，徒知主义之可贵，而不知民族之可爱，吾恐其渐就萎黄也。"(《答铁铮》)优秀的传统文化中，那些与维护民族的生存、发展和社会进步密切相关的思想、感情，构成了一个民族的核心价值观。我们经常表彰"中国的脊梁"，一个毋庸置疑的事实是，近代以前，"中国的脊梁"都是在传统的国学经典的熏陶下成长起来的。所以，读崇文书局的这一套国学经典普及读本，虽然不必正襟危坐，也不必总是花大块的时间，更不必像备考那样一字一句锱铢必较，但保持一种敬重的心态是完全必要的。

期待读者诸君喜欢这套书，期待读者诸君与这套书成为形影相随的朋友。

陈文新

（教育部长江学者特聘教授，武汉大学杰出教授）

前言

《小窗幽记》是一本关于修身养性、为人处世的生活哲理小品集，其作者为明末文学家、书画家陈继儒（1558—1639）。陈继儒，字仲醇，号眉公、麋公，华亭（今上海市松江）人。他聪颖好学，博学多才，在当时即享有盛誉，备受人们推崇。据《明史·陈继儒传》记载："王世贞亦雅重继儒，三吴名下士争欲得为师友"，"或刺取琐言僻事，诠次成书，远近竞相购写。征请诗文者无虚日。性喜奖掖士类，屦常满户外，片言酬应，莫不当意去"。连当时名人黄道周也上疏称："志尚高雅，博学多通，不如继儒。"陈继儒一生著述甚丰，有《陈眉公全集》传世，另辑有《国朝名公诗选》、《宝颜堂秘笈》，都是珍贵的文化遗产。

《小窗幽记》是影响深远的名作，它问世三百多年来，广泛流传于官场、文坛、民间乃至海外，深得历代读者的钟爱。《小窗幽记》是一部生活指南，它从日常起居到交朋处友，从读书治学到为官执政，从为人处世到建功立业，从修身养性到安身立命，都为人指点迷津；它还教人如何对待工作和休息，美色和情爱，贫贱和富有，得失和成败，生老和病死，功名和祸福等，保持平和的心态、正直的人格，以追求清静的生活和质朴的人生。《小窗幽记》蕴含了深刻的人生哲理，篇篇都是至理名言，闪耀着哲学光辉，充满着思辨色彩。《小窗幽记》文辞精美，短小精悍，论述精辟，言约意丰，意味深长。总之，《小窗幽记》能让人们在美的享受中获得生活的启迪，感受到生命的真实存在。

《小窗幽记》成书于明朝末年，当时正处于资本主义的萌芽时期，追逐名利、追求享乐的思想在社会蔓延，本书写作的目的在于规劝人们正确看待功名利禄，让人们在名利的沉醉中获得一剂“解醒”的清凉散。当前，我们处在社会主义市场经济的初级阶段，发展经济是我们的主旋律，但毋庸否定的是，急功近利的浮躁之气也一定程度存在着。我们读一读《小窗幽记》，是大有裨益的。但是，由于作者所处的时代和认识上的局限，书中也存在着一些消极的思想，如作者提倡清静无为，主张退避隐居等等，相信读者自会鉴别。

我们重新整理注译《小窗幽记》，旨在展现其深厚的文化内涵，弘扬优秀的传统文化。该注译本集标题、注释、翻译、赏析于一体。标题提取文中中心词而成，力求简洁明了，紧扣主旨；注释力求准确简明，不作繁琐考证；翻译以直译为主，意译为辅，力求实现信、达、雅；赏析在充分理解原文基础上，融入了译作者独到的见解。本书在校理过程中，参考了陕西旅游出版社校注本、岳麓书社吴正刚校注本，特此说明致谢。由于译作者水平有限，错误之处敬请读者指正。

contents

目录

目录

目录

目录

醉酒与解酲

醒食中山之酒[①]，一醉千日，今之昏昏逐逐[②]，无一日不醉。趋名者醉于朝[③]，趋利者醉于野，豪者醉于声色车马。安得一服清凉散[④]，人人解酲[⑤]？

【注释】

①中山之酒：中山人酿造的酒。据晋朝干宝《搜神记》载："狄希，中山人也，能造千日酒，饮之亦千日醉。"

②昏昏：神志不清。逐逐：急欲得到的样子。

③趋：追逐。

④清凉散：指能让人神清气爽的药物。

⑤酲(chéng)：喝醉了神志不清。

【译文】

饮了中山人狄希酿造的酒，即使一醉千日也可清醒。然而，今日世俗之人沉迷于俗情世务，终日追逐声色名利，可说没有一日不在醉乡。追求名位的人醉于朝廷官位，追求财利的人醉于民间财富，有钱有势的人醉于声色车马。如何才能获得一剂清凉良药，让他们得以清醒呢？

【赏析】

中山酒，相传为一位名叫狄希的中山人所造，酒香浓郁，饮后能使人醉上千日。饮了中山酒，虽然要醉上千日，但千日之后，终还有醒的时候。但追求声色名利的欲望之酒，却能使世人昏昏沉沉，一生不醒。酒醉的人，只要喝下“醒酒汤”就能清醒，然而，在声色名利中沉醉的人，又怎么能唤醒他呢？屈原在汨罗江畔高吟“举世皆浊我独清，举世皆醉我独醒”，他多么希望那些醉生梦死的人能从沉醉中醒来啊！哪里有清凉散可以解酒呢？唯有淡泊名利，宠辱不惊，才可以忘却营营，感受生命的真实存在。

淡泊与镇定

淡泊之守①，须从秾艳场中试来②；镇定之操，还向纷纭境上勘过③。

【注释】

①淡泊：清心寡欲。守：操守。

②秾艳场：比喻富贵豪华、灯红酒绿、歌台舞榭之所。

③纷纭：纷乱。勘：校订，核对。

【译文】

淡泊宁静的操守，必须通过富贵奢华的场合才能测试得出来；镇定稳重的节操，必须通过纷纷扰扰的闹境才能检验得出来。

【赏析】

一个人心境的淡泊，是经历过富贵奢华的场合都能不着于心。一个人心里的镇定，是经历过纷纷扰扰的闹境都能恬淡自守。人世间的五彩缤纷，莺声燕语，足以诱惑心志的事物实在太多，但“曾经沧海难为水，除却巫山不是云”，只有经历了繁华纷纭的考验，才能真正得到心灵的淡泊与宁静。淡泊的人是不为环境所动的，反之，环境将以他为轴心而转动。在纷乱的环境中能保持安定的心境，这便是镇定。能镇定的人，才能掌握自己的方向。

真诚与矫情

市恩不如报德之为厚①，要誉不如逃名之为适②，矫情不如直节之为真③。

【注释】

①市恩：给人好处以讨好别人。厚：厚道。
②要誉：邀取荣誉。要，同“邀”。逃名：逃避功名。
③矫情：掩饰真情。直节：坦诚正直的节操。

【译文】

卖弄恩惠，不如报答他人的恩德来得厚道；邀取名誉，不如逃避名声来得惬意；矫揉造作，不如正直坦诚来得真实。

【赏析】

所谓“市恩”，就是给人好处以讨好别人。着一“市”字，就有买卖的意思，希望所作所为能有所回报。人生在世处处受人恩惠，与其市恩邀取名誉，不如真诚地报答别人来得厚道。人生在世都想获得好的名声，这无可厚非，但如果为声名所累，无形中却会成为一种束缚。与其言行举止战战兢兢，不如逃避名声来得惬意，能免除心理上的负担。无论是“市恩”还是“要誉”，都出自于矫情，只会使人为声名所累。李白云：“安能摧眉折腰事权贵，使我不得开心颜。”做人只要真实，待人只要真诚，就会无愧于天地之间。

毁誉与欢厌

使人有面前之誉①，不若使人无背后之毁②；使人有乍交之欢③，不若使人无久处之厌④。

【注释】

①面前之誉：当面的赞誉。

②背后之毁：背后的指责和毁谤。

③乍交之欢：初次交往的欢喜。

④久处之厌：长久相处之后的厌恶。

【译文】

让他人当面赞誉自己，不如让他人不在背后诋毁自己；让他人在初交之时产生欢喜之感，不如让他人在与自己长期交往之后仍不产生厌烦之感。

【赏析】

一个人要他人当面赞美自己并不困难，而要他人背后不诋毁自己却不是容易的事。因此，面前之誉并不表示自己做人成功，让他人不在背后诋毁自己才算成功。人在初见面时不会把自己的缺点暴露出来，见到的往往只是好的一面，因此，人们在初交之时往往产生欢喜之感。但是，日久见人心，一旦新鲜感消失，最初的亲切感也会因为缺点的增加和距离的拉长而改变。一方面我们不要为初见之喜所迷惑，另一方面我们不要在初见时掩藏自己，以真实面目与人交往，这样才不会有日后感到不实的厌恶感。总之，一个人只要待人以诚，坦荡做人，并不需要在意他人的毁誉与欢厌。

天意与修身

天薄我福[①]，吾厚吾德以迎之[②]；天劳我形[③]，吾逸吾心以补之[④]；天厄我遇[⑤]，吾亨吾道以通之[⑥]。

【注释】

①薄：使动用法，使……浅薄的意思。

②厚：厚积。迎：面对。

③劳：使动用法，使……劳累的意思。形：身体。

④逸：放松，安逸。

⑤厄：使动用法，使……困苦、窘迫的意思。

⑥亨：亨通。

【译文】

命运使我的福分淡薄，我便厚积我的德行面对它。命运使我的身体疲劳，我便放松我的心情加以补偿。命运使我的际遇困窘，我便加强我的道德修养使它通达。

【赏析】

福分淡薄、身体疲劳、际遇困窘，这都是天意。天意不可违，但人们通过自我修身可以坦然地面对一切。人生在世，可能物质环境不丰厚，可能身体会十分劳苦，也可能身处困境，但如果我们内心有深厚的修养，就不会怨天尤人。相反的，深厚的心灵修养能使人安然自适，保持愉快的心境。人的际遇无常，困厄在所难免，如果能坦然面对，或者能走出逆境，或者能不以逆境为忤。李白云："人生在世不称意，明朝散发弄扁舟。"这是何等豁达的胸襟啊！

现象与本质

澹泊之士，必为秾艳者所疑[1]；检饰之人[2]，必为放肆者所忌。事穷势蹙之人[3]，当原其初心[4]；功成行满之士，要观其末路。

【注释】

①秾艳者：追求豪华奢侈生活之人。

②检饰：言行举止检点慎重。

③事穷势蹙：事情已极为困厄，情势已极为窘迫。穷，困厄，处于困境。蹙，紧迫，急促。

④原：推究，考查。

【译文】

淡泊名利的人，必定会被追求奢侈豪华生活的人所疑忌；行为谨慎的人，必定会被言行放肆的人所忿恨。对于一个到了穷途末路的人，应当探究他当初的心志如何；对于一个已经功成名就的人，要观察他最后的结局怎样。

【赏析】

过惯奢侈豪华生活的人，并不相信有人能过淡泊的生活，所以他们不免要怀疑淡泊名利的人。行为放肆的人，常要嫉恨那些言行谨慎的人，因为这些人的自我约束使他不能自在。一个人可能会走到穷途末路，因为人生坎坷，但我们不能不考察他当初的心志如何。同样地，对于一个已经功成名就的人，要观察他最后的结局怎样。如果最初的心意就不正确，或者成功后改变原有的优点，那么即使一时成功，也无法持久，终将走到事穷势蹙的地步。“周公恐惧流言日，王莽谦恭未篡时。若使当时身便死，一生真伪有谁知”，白居易如是说。

相反与相得

好丑心太明[①]，则物不契[②]；贤愚心太明[③]，则人不亲[④]。须是内精明，而外浑厚[⑤]，使好丑两得其平，贤愚共受其益，才是生成的德量[⑥]。

【注释】

①好丑：分辨美好与丑恶。

②契：契合。

③贤愚：分辨聪明与愚蠢。

④亲：亲近。

⑤浑厚：淳朴，敦厚。

⑥生成：抚育，生养。德量：道德与度量。

【译文】

分辨美丑的心太分明，则无法与事物相契合；分辨贤愚的心太分明，则无法与人们相亲近。必须是内心精明而外表纯朴仁厚，使美丑两方面得以平衡，这样贤愚两者都受到益处。这才是上天的本意和气量。

【赏析】

何谓美？有人说美在客观，有人说美在主观，也有人说美是主客观的结合。美无定论，往往依据个人的喜好。老子说："天下皆知美之为美，斯恶矣。"善恶美丑原是相对的，如果执着于自己所相信的美，而不能接受整个世界的本有现象，那往往就会处于一种格格不入的状态。同样的，贤愚之分也是如此，孔子教人不分愚贤不肖，倘若只接受贤者，而摒弃愚者，岂不是使贤者愈贤而愚者愈愚了吗？处世应当心中明白而外表浑厚，就像阳光之化育万物，使美丑两方面得以平衡，贤愚两者都受到益处。这才是上天的本意和气量。

多情与寡情

情最难久，故多情人必至寡情[1]；性自有常[2]，故任性人终不失性[3]。

【注释】

①寡情：缺少情义。

②性：天性。常：常法，常礼。

③任性：听凭天性。

【译文】

情爱最难保持长久，所以过于多情的人终究会变得薄情寡义；人的本性自然会有其恒常的规律，所以遵循本性率性而为的人最终也不会失去其本性。

【赏析】

古往今来，怎一个“情”字了得。如江淹之“黯然销魂者，唯别而已矣”，如李清照之“寻寻觅觅，冷冷清清，凄凄惨惨戚戚”。情是一种执着不懈的追求，一种难以捉摸的思念，因此掌握甚难，再加上生命短暂，环境多变，感情也易变。多情却被无情恼，多情往往会变得寡情。人性在未受外界诱惑之前，原本是天真淳朴，自由快乐的。然而，因为种种声色名利的牵累，人们很容易会受到蒙蔽。因此，率性而为的人仍不失人的本性，而放肆于美酒声色的人，却因恋物而迷失了本性。荀子云：“此之谓失其本心。”

真廉与大巧

真廉无廉名[①]，立名者所以为贪[②]；大巧无术[③]，用术者所以为拙[④]。

【注释】

①廉：廉洁。

②立名者：为自己树立名声的人。

③大巧：大巧妙。无术：没有方式方法。

④用术：用尽心术。拙：笨拙。

【译文】

真正的廉洁，不需要廉洁的名声，凡是以廉洁自我标榜的人，无非是为了掩饰贪婪；最大的巧妙，不需要任何技巧，凡是运用技巧的人，实际上是为了掩饰笨拙。

【赏析】

廉洁与贪婪是相对立的概念，无贪则无廉，无廉则无贪。有人贪婪的是货利，有人贪婪的是名声。为廉洁而立名，虽不贪利，却是贪名，其实质是一样的。其实，廉洁原是当官者的本分，如果人人都能廉洁，那也就不需要廉洁的名声了。为政者沽名钓誉，也是一种腐败，不可不防。同样，巧妙与笨拙也是相对立的概念。真正的巧妙在于顺应自然，这样才能适应万物。老子云："大巧若拙"，这就是说顺应自然的人率性而为，看似笨拙，实为巧妙。有人喜欢运用技巧，动用谋略，往往弄巧成拙，留下笑柄。

口说与名实

谭[①]山林之乐[②]者，未必真得山林之趣；厌名利之谭者，未必尽忘名利之情。

【注释】

①谭：同“谈”。

②山林之乐：山野园林的乐趣。这里指隐居山林的生活情趣。

【译文】

好谈山居生活之乐的人，未必真正懂得山林乐趣；口头上厌恶名利的人，未必真正将名利完全忘却。

【赏析】

古代的名人雅士，不少人好山林之趣，以田园生活为乐。但也有不少人是以此作为终南捷径，沽名钓誉。好谈山林之乐的人，往往作为一种身份的象征，作为一种博取名誉的本钱，可谓醉翁之意不在山水，在名利也。所以他们往往并不懂得山林的乐趣。口头上厌恶名利的人，实际上还是很在乎名利，所以内心并没有忘却名利。人生在世追逐名利本身并无过错，错在人们为名利而忘却生命的本质。如果人们能淡泊名利，不以物喜，不以己悲，则能泰然面对生活的风风雨雨。

伏久与开先

伏久者[1]，飞必高；开先者[2]，谢独早[3]。

【注释】

①伏：潜伏。指本领深藏不露。

②开先：过早开放。

③谢：凋谢，凋零。

【译文】

潜伏长久的事物，一旦腾飞，必定飞得高远；过早开放的花朵，一旦凋谢，往往谢得最快。

【赏析】

任何事物都会遵循客观的规律，如果潜伏长久，一旦表现出来，必定会充沛淋漓。古人谓："不飞则已，一飞冲天；不鸣则已，一鸣惊人"，说的就是这个道理。过早开放的花朵，一旦凋谢，往往谢得最快，这也是自然界的客观规律。因为太早开发，各方面无法配合，自然很快就竭尽力量而凋萎。像方仲咏那样的神童，"小时了了，大未必佳"，就是因为太早开发反而成了平庸的人。在现实生活中，我们常常会看到有些年轻时默默无闻的人，因为不断地积累与储备，终于取得很大的成绩。这对我们现代的教育颇有启迪：只能顺应自然，不可拔苗助长。

享福与救祸

天欲祸人[1]，必先以微福骄之[2]，要看他会受[3]；天欲福人[4]，必先以微祸儆之[5]，要看他会救。

【注释】

①祸人：降祸于人。

②骄之：使其骄傲。

③受：消受，承受。

④福人：降福于人。

⑤儆之：使其警戒。儆，通“警”，警戒。

【译文】

上天若要降祸于某人，往往首先降下一些福分，使他引起骄慢之心，目的是想试探他是否消受得起福分；上天若要降福于某人，往往首先降下一些祸事，使他引起警戒之意，目的是想试探他是否能自救于灾祸。

【赏析】

我国古代很早就有辩证法的观点，如老子所说："祸兮福所倚，福兮祸所伏。"祸福相生，二者相反相成。如果一个人得到一点福分而骄慢，骄慢便是祸根，使他最终不仅不能受福，反而遭受祸患。如果一个人得到一些祸事而自警，即使是他日祸来，也能凭此自救，最终得到福分。因此，人们应该受福不骄，受祸不苦，才是深明福祸之道，真正获得人生的幸福。受福还是受祸，这是天意，天意从来高难问，只要我们能保持平常的心境，泰然自若地笑对生活，就会气定神闲，安度平生。

指摘与爱护

世人破绽处[①]，多从周旋处见[②]；指摘处[③]，多从爱护处见；艰难处，多从贪恋处见。

【注释】

①破绽：衣服的裂口。比喻说话做事时露出的漏洞。

②周旋：交际应酬。

③指摘：指责。

【译文】

世人出现失误，大多是在交际应酬时显现；世人受到指责，大多是出于关心爱护的缘故；世人左右犯难，大多是由于贪婪迷恋的原因。

【赏析】

钱锺书先生在《围城》里说："一个人的缺点正像猴子的尾巴，猴子蹲在地面的时候，尾巴是看不见的，直到它向树上爬，就把后部供大众瞻仰，可是这红臀长尾巴本来就有，并非地位爬高了的新标志。"交际应酬也是如此，与人过多交往，穷于应付，自然会暴露自己的种种缺点。因此，人们要多一点事业，少一点应酬。世人受到指责，大多是出于关心爱护的缘故，这也是需看清的道理。如果不出于爱护，任他死活，毫不相关，又何必指责呢？人情的艰难困苦，往往在于对声色名利的贪恋。因为贪恋，便追逐名利，便害怕失去，终致无限的烦恼。只有淡泊名利，才能不为名利所累，忘却营营的烦恼。

雅事与俗事

山栖是胜事[1]，稍一萦恋[2]，则亦市朝[3]；书画赏鉴是雅事，稍一贪痴[4]，则亦商贾[5]；诗酒是乐事，稍一曲人[6]，则亦地狱；好客是豁达事，稍一为俗子所挠，则亦苦海。

【注释】

①山栖：山居，在山林里隐居。胜事：妙事，好事。

②萦恋：牵挂、留恋，不能释怀。

③市朝：指人群聚集、争名夺利的场所。市，集市。朝，朝廷。

④贪痴：贪恋，痴迷。

⑤商贾：商人的统称。

⑥曲人：屈从于他人。

【译文】

隐居山林本是愉快的事，一旦到了流连忘返的地步，就与世俗没有区别了；爱好书画本是高雅的事，一旦到了狂热痴迷的程度，就与商人没有两样了。饮酒赋诗本是快乐的事，一旦成为屈从他人的应酬，就如同在地狱一般了。交友好客本是舒畅的事，一旦为俗人喧闹干扰，就与苦海一样了。

【赏析】

人类生活中充满了矛盾，过犹不及，物极必反。山居的本意是要远离尘嚣，如果对隐居山林起了贪恋之心，那就有违本意，流于世俗了。写字绘画原本是高雅的事，如果沦为买卖，炫耀财富，那就与商人没有两样了，还有什么高雅可言呢？饮酒赋诗本是快乐的事，所谓“歌之咏之，舞之蹈之”，如果既无兴致，又无情趣，徒然为了应付而为之，那就十分痛苦了。交友好客也是如此，君子之交淡如水，如果来者不拒，喧嚣吵闹，那就如同身陷苦海，让人烦恼。所以，万事万物都要讲究一定的度，离开了相应的度，只会适得其反。

聚人与服人

轻财足以聚人①，律己足以服人②，量宽足以得人③，身先足以率人④。

【注释】

①轻财：轻视钱财。聚人：团结众人。
②律己：约束规范自己的言行。服人：使人信服。
③量宽：气量宽宏。得人：赢得人心。
④身先：自身带头。率人：领导众人。

【译文】

轻财重义，就可以团结众人；严于律己，就可以使人信服；宽宏大量，就可以赢得人心；身先士卒，就可以领导众人。

【赏析】

人生在世，总是处在得失之中，有失会有得，有得会有失。对于钱财，如果过于看重，致使他人得不到利益，就会众叛亲离。相反的，如果轻财重义，他人心存感激，自然不会背叛你，也就可以团结众人。一个人如果能自我约束，使人心悦诚服，就可以领导众人。如果不能约束自己，便不能约束他人，也就无法得到他人的爱戴。作为一个领导人，如果要赢得人心，首先要有容人的雅量。凡事带头去做，才足以领导他人，此所谓“其身正，不令而行；其身不正，虽令不从”。这几句话说的都是生活中的简单道理，但真正做起来却是很难的。所谓“宰相肚里能撑船”，非大智慧者不能如此。

痴迷与清醒

从极迷处识迷①,则到处醒;将难放怀一放②,则万境宽③。

【注释】

①极迷处:令人极其迷惑的地方。识迷:识破迷惑。
②难放怀:内心难以放下的事情。
③万境:各种各样的境遇。

【译文】

能够在最容易使人受到迷惑的地方识破迷惑,那么无处不能保持清醒的头脑。能够将难于放下的心头之事放下,那么到处都是宽广的境遇。

【赏析】

人生苦短,道路坎坷,生命中总有许多事情会让我们迷惑。智者在未受到迷惑之前就已识破迷惑,所以无处不能保持清醒的头脑;愚者却身陷迷雾不能自拔,就会"雾失楼台,月迷津渡"。人生也有许多东西让人难以忘怀,比如名利、得失和情爱等。如果对上述的事情都能看得开,那就不会"才下眉头,又上心头"了。天地始终辽阔,人生却不过短短几十个春秋,如果能抛开生活的牵牵绊绊,自然会心境处处宽广平静,万事遂意。

逆境与顺境

大事、难事,看担当[1];逆境、顺境、看襟度[2];临喜、临怒,看涵养[3];群行、群止看识见[4]。

【注释】

①担当:承担责任的勇气。

②襟度:胸襟、气度。

③涵养:修养。

④群行群止:指与众人相处时表现出的言行和举止。识见:见识。

【译文】

从一个人遇到大事和难事时的表现,可以看出他担负责任的勇气;从一个人面对逆境或顺境时的表现,可以看出他的胸襟和气度。从一个人面对喜怒哀乐之事时的反应,可以看出他的涵养;从一个人与众人相处时所表现出的行为举止,可以看出他对事物的认识和见解。

【赏析】

刘邦曾经说过:“出谋划策,决胜千里,我不如张良;安抚百姓,筹集粮饷,我不如萧何;统帅百万大军,战必胜、攻必克,我不如韩信。此三位都是人杰。”那么刘邦为什么会位至至尊呢?因为他善于识人。这几句话说的也是如何识人的问题。一个人遇到大事或难事时,如果能勇于承担,那就是可用之材。一个人面对逆境或顺境时,不怨天尤人,能坦然面对,就可以看出他的胸襟和气度。喜怒哀乐是人之常情,喜而不得意忘形,怒而能明白事理,就可以看出他的涵养。一个人能自己做出正确的判断,不随波逐流,就可以看出他对事物有着独特的认识和理解。所以,通过上述表现,可以认识一个人是否能有所作为。

良心与真情

良心在夜气清明之候[1]，真情在箪食豆羹之间[2]。故以我索人[3]，不如使人自反[4]；以我攻人，不如使人自露[5]。

【注释】

①夜气清明之候：夜晚清朗宁静的时候。

②箪食豆羹：用箪盛的饭食和用豆盛的羹汤。指粗茶淡饭，生活清贫俭朴。箪，竹制或苇制的盛器，常用以盛饭。豆，古代食器，形状似高足盘。

③索人：要求他人。

④自反：自我反省。

⑤自露：自己坦露。

【译文】

在夜间心平气和的时候，容易看出一个人的本心；在简朴的生活中，容易流露出一个人的真实情感。因此，与其不断要求人家改正，不如使其自我反省；与其攻击他人的缺点，不如使他自己坦白错误。

【赏析】

古人云："天下熙熙，皆为利来；天下攘攘，皆为利往。"人们生存在世间，总为名利奔忙。在喧嚣的白日，人们无暇细想，等到万籁俱寂，夜深人静时，自我反省，最容易良心发现。真正的感情表露在简单的饮食生活中，如果以锦衣玉食交友，这样的友情不会长久，到那时"大难临头各自飞"。为了改变一个人的行为而不断去要求他，不但自己疲累，他人也会生厌，倒不如让他自觉其非。同样，与其攻击他人的恶行，使他恼羞成怒，不如使他自惭而向人坦白。"人之初，性本善"，如果能正确引导，人人都可以成为尧舜。

庸愚与豪杰

宁为随世之庸愚①，勿为欺世之豪杰②。

【注释】

①随世：顺应世势。庸愚：平庸、愚笨之辈。

②欺世：欺骗世人。

【译文】

宁可做顺应世势的平庸之辈，也不要做欺世盗名的“英雄豪杰”。

【赏析】

京剧舞台上，曹操高唱：“世人害我奸，我笑世人偏。为人少机变，富贵怎双全？”一代枭雄曹操被人称为“治世之能臣，乱世之奸雄”，何哉？曹操才智高人一等，这是不争的事实，但他心术不正，专图一己之利，所以称不上真正的英雄豪杰。豪杰之为豪杰，在于能运用才智造众人之福，问苍茫大地，谁主沉浮。如果不能做造福苍生的英雄豪杰，倒不如甘于平庸，免得留下笑柄。如果本来就没有过人的才智，又不甘于平庸，缺乏自知之明，那就往往会自取其辱，祸害社会。

销福与销名

清福上帝所吝[1]，而习忙可以销福[2]；清名上帝所忌[3]，而得谤可以销名[4]。

【注释】

①吝：吝惜，舍不得。

②习忙：习惯于忙碌。销福：消减幸福。

③清名：清廉美好的名声。

④得谤：遭受诽谤。

【译文】

清闲安适的生活连上天都舍不得享用，如果你习惯于忙碌，这种珍贵的福分就会消减；清廉的名声连上天都要妒忌，如果你受到他人的毁谤，这种美好的名声就会消减。

【赏析】

有这样一个故事：一个富翁问一个正在树荫下睡觉的农夫，为什么不去勤奋耕种，农夫反问说："为什么要去勤奋耕种呢？"富翁说："那样你就可以多赚钱，多买地。"农夫又问："多买地了又怎样呢？"富翁说："你就可以请别人种，而你自己坐享清福睡大觉。"农夫说："我这不是已经在睡觉吗？"人们往往把"享清福"当做人生追求的最终目标，为了他日能享上清福，终日奔忙，马不停蹄。其实清福不应是奔忙的终点站，而应是通向人生终点的一个又一个可望又可及的加油站，但如果我们一味地埋头开车，而不抬头望路，眼前的清福就会一晃而过。人人都追求美好的名声，但名声是不容易维持的，韩愈也说："事修而谤兴，德高而毁来。"而这种毁谤的威力很大，能使多年积累的清名毁于一旦，正所谓"众口铄金，积毁销骨"。然而，疾风知劲草，日久见人心，只要具备身正不怕影子斜，真金不怕火炼的胸襟，日久天长，毁谤、流言当会不攻自破。

嗜好与养德

人之嗜节、嗜文草、嗜游侠[①]，如好酒然[②]，易动客气[③]，当以德消之。

【注释】

①嗜节：酷爱节操。文草：文章辞藻。游侠：云游四海、轻财仗义的人。

②如……然：就像……一样。

③客气：一时的意气，偏激的情绪。

【译文】

人们爱好声名气节，爱好文章辞藻，爱好行侠仗义，就像爱好喝酒一样，容易一时兴起不计后果，所以应该以道德修养对这些冲动行为加以克制。

【赏析】

人们因为生活环境、个性等的差异，往往会形成各种嗜好。比如有的人嗜名节，有的人嗜文章，有的人嗜游侠，有的人嗜酒如命。嗜名节、嗜文章、嗜游侠本来并不是坏事，只是名节为的是节操，文章为的是雅意，游侠为的是义气，如果对这些没有清楚的认识，往往虚有其名，附庸风雅，只会给社会带来危害。这就像嗜酒一样，如果呼酒买醉，酗酒闹事，这就是不计后果，于人于己都不利。因此，既然有了嗜好，就应该加强道德修养来对一些冲动行为加以克制。

万善与万恶

一念之善，吉神随之[1]；一念之恶，厉鬼随之[2]。知此可以役使鬼神[3]。

【注释】

①吉神：吉祥的神灵。

②厉鬼：凶恶的鬼怪。

③役使：差遣指使。

【译文】

只要你起一个善的念头，吉祥的神灵就会跟随你而来；只要你起一个恶的念头，凶恶的鬼怪就会伴随你而来。只要你明白了这个道理，你就可以差使鬼神了。

【赏析】

康德云："在我上者灿烂星空，道德律令在我心中"，就是说人世的善恶取决于人们丰富复杂的内心世界。我们内心的每一个念头，无论善恶，都是我们对客观世界的观照。我们当然不能从唯心的角度来认识"善有善报，恶有恶报"，但如果人人向善，自然天降吉祥，社会安定；如果人人向恶，自然社会动荡，黎民遭殃。因此，我们每个人都要弃恶扬善，做人类自己的主宰。现代歌谣："只要人人都献出一点爱，世界将变成美好的人间"，也说的是这个道理。

梦里与泉下

眉睫才交①，梦里便不能张主②；眼光落地③，泉下又安得分明④。

【注释】

①眉睫才交：闭上双眼。这里指人睡着了。

②张主：做主，主宰。

③眼光落地：这里指人死了。

④泉下：九泉之下，即地底下。意思是人已死了。

【译文】

闭上双眼睡觉，在梦里尚不能自作主张。永远闭上眼睛，在九泉之下又怎么能是非分明！

【赏析】

“生？还是死？这是一个问题。”哈姆莱特提出了一个深远的哲学问题，总是引发人们对它的思考。我国古代对这个问题的思考也不少，孔子认为“未知生，焉知死”，所以不语怪、力、乱、神。人生不过数十年的光景，然而总是难忘追逐声名美色。但是闭上双眼睡觉，在梦里尚不能自作主张；永远闭上眼睛，在九泉之下又怎么能是非分明呢？其实我们所追求的一切在永恒的时空看来只是渺小的幻影，因此我们面对人生，要豁达乐观；面对死亡，要畅然释怀。

了了与不了

佛只是个了仙①，也是个了圣②。人了了不知了③，不知了了是了了④；若知了了，便不了。

【注释】

①了仙：了却了烦恼的神仙。

②了圣：了却了热情的圣人。

③了了：聪明，明白。

④不知了了是了了：不知道清楚明白地了却万事便已了无牵挂。

【译文】

佛是个了却了烦恼的神仙，也是个了却了热情的圣人。人们虽然耳聪目明，却不知道了却一切烦恼，不知凡事放下便已无事；若知心中还有未了却的念头，便是未曾完全放下。

【赏析】

所谓了了，就是聪明、明白的意思。人们往往自以为很聪明，却不知道整天生活在烦恼欲望的束缚之中。也许有人领悟了人生的无常，尘世的喧嚣，想要了却尘事，却不知道心中还有个了却的念头，便是还没能完全放下。人们不妨学习学习佛家的精神，了却烦恼，了却热情，所谓“菩提本非树，明镜亦非台。本来无一物，何处染尘埃？”如果人们能将心中的烦恼根本放下，连放下的念头也除去，生于世间而不着于世，那就是真的“了了”，也是个人间的了仙。但古往今来，有几个人真能“了了”？

荆棘与坦途

剖去胸中荆棘[1]，以便人我往来，是天下第一快活世界[2]。

【注释】

①荆棘：本指带刺的灌木丛，这里比喻忧思或诡计。

②快活世界：心胸舒畅愉悦的境界。

【译文】

将心中伤己伤人的诡计去除，开放平易的心胸与人交往，这便是世间最令人舒畅欢喜的事了。

【赏析】

马克思说，在科学的大道上没有平坦的路可走，其实人与人之间的交往也可能会荆棘密布，道路坎坷。这荆棘何来？来自于人们心中的不信任、嫉妒和自私等思想。一个人的心中一旦存有不平之气，在与人交往时就容易伤人，即使是闭门独处也会伤害自己。人是需要友谊的，友谊使我们笑对人生，更使我们患难与共。但我们如果不把心中的荆棘除掉，友谊之门就不会洞开。心底无私天地宽，如果我们能剖去心中的荆棘，就不愁前路无知己，友谊就会地久天长。

恶邻与损友

居不必无恶邻[①]，会不必无损友[②]，惟在自持者两得之[③]。

【注释】

①恶邻：不好的邻居。

②损友：有害于自己的朋友。

③自持者：处事能够自己把握好分寸的人。之：指代恶邻和损友。

【译文】

选择居家不一定要避开不好的邻居，举行聚会也不一定要排除有害的朋友。如果自己能够把持，即使是恶邻和损友，对自己也是有益的。

【赏析】

世界是普遍联系的，人们不可能离世而独居，也就是说人活在世上总要与他人交往。所谓恶邻，或指品德恶劣，或指行为恶劣。所谓损友，或指自私自利，或指傲慢无礼。人的素质与修养高低不同，我们不可能强求天下人都具有高雅的情调，高洁的品行。其实，无论是恶邻或是损友，换一个角度来看，无非是考验我们的涵养和定力。如果我们与恶邻、损友斤斤计较，睚眦必报，久而久之也会成为恶邻与损友。如果我们以一颗平常心对待这些人，豁达大度，春风化雨，也能潜移默化地改变他们。此外，一个人如果能和恶邻、损友很好地相处，就不愁与其他的人能和睦相处了。毛泽东云："牢骚太盛防肠断，风物长宜放眼量。"

君子与小人

要知自家是君子小人[1]，只须五更头检点思想的是什么[2]，便得。

【注释】

①自家：自己。

②检点：自我检查，自我反省。思想：思考，考虑。

【译文】

想要知道自己是有德的君子，还是无德的小人，只要在天将明时自我反省一下，看看自己所思所想的到底是什么，就可以得出明确的答案。

【赏析】

孟子云："鱼，我所欲也；熊掌，亦我所欲也。二者不可得兼，舍鱼而取熊掌者也。生，亦我所欲也；义，亦我所欲也。二者不可得兼，舍生而取义者也。"君子和小人的分别，就在于君子不以利而害义，小人却因利而伤人。五更头是天将明的时候，人们这时大多已经睡好，便开始谋划一天所要做的事情。从此时所思所想的差别，就可以得出他究竟是君子还是小人。君子想到的往往是如何努力工作，帮助他人；而小人想到的往往是如何谋取声色名利。有人说自己是君子，有人言他人为小人。其实，在这天将明的时候，只要看看自己心中盘算的到底是什么，君子和小人的分别就十分清楚了。

以理与以道

以理听言[1]，则中有主[2]；以道窒欲[3]，则心自清[4]。

【注释】

①以理听言：以理智的态度听取他人的言论。

②中有主：心中自有正确的主张。

③以道窒欲：以道德修养来抑制私欲。窒，遏止，抑制。

④心自清：心中自然会清朗开明。

【译文】

用理智来判断所听到的言语，心中就自有主张；用道德修养来遏制私欲，心境就自然清朗开明。

【赏析】

语言是人类最重要的交际工具。语言的表达形式多样，表达效果也各有不同。如果我们不以理智的态度来判断语言，而是以感情的态度来接受语言，往往会使我们犯下错误，所谓“兼听则明，偏听则暗”。因为感情是主观的，许多语言是在特定的环境下说出来的，与客观的事实有很大的差距。如果我们不能分辨这一点，那么就会做下错误的决定或行为。我们的心之所以不能清静，是因为被私欲混浊，患得患失，心里没有一刻得到安宁。如果我们能在道德修养上多下功夫，消除那些不合理的欲求，就会使我们的内心趋于平静。无欲则刚，只要不为满足私欲斤斤计较，心境就自然会清朗开明。

疏远与亲近

先淡后浓[1]，先疏后亲[2]，先达后近[3]，交友道也[4]。

【注释】

①淡：平淡。浓：深厚。

②疏：疏远。亲：亲近。

③达：接触。近：亲近。

④道：方法。

【译文】

先平淡而后深厚，先疏远而后亲近，先接触而后相知，这是结交朋友的方法。

【赏析】

鲁迅云："人生得一知己足矣，斯世当以同怀视之。"古往今来，人们都希望交结朋友。但交友之道，宜由浅入深，所谓“先择而后交，则寡尤；先交而后择，故多怨”。要获得真正的知己并不是容易的事，“不如意事常八九，可与言人无二三”。因为刚开始交往时，看到的常是表面，如果在这时候推心置腹，不仅火候未到，往往还会导致日后的割袍断交。只有经过仔细地观察和选择，对对方的人格、修养、志趣有了相当的认识，才能决定是否适合做真正的朋友。这就是交友中要先平淡而后深厚，先疏远而后亲近，先接触而后相知的道理。如果有人初次相识就称兄道弟，百般逢迎，那很可能就怀有某种目的，不可不慎。

形骸与微尘

形骸非亲[1]，何况形骸外之长物[2]；大地亦幻[3]，何况大地内之微尘[4]。

【注释】

①形骸：指人的形体。

②长物：多余的东西。

③幻：虚幻。

④微尘：微小的尘埃。比喻在地球上生存的人类。

【译文】

连自己的身体躯壳都不属于可亲近之物，更何况身体之外带不走的荣华富贵呢？连广袤的山河大地都不过是个虚幻景象而已，更何况大地上如同尘埃的芸芸众生呢？

【赏析】

唐代诗人张若虚在《春江花月夜》中写道："江畔何人初见月？江月何年初照人？人生代代无穷已，江月年年只相似。"他感叹匆匆岁月，人生如朝露，只有这江月代代皎洁。人是这尘世的匆匆过客，其身体躯壳不过是生死轮回的道具而已，没有什么可以亲近的，更何况身体之外带不走的荣华富贵呢？整个山河大地乃至大千世界，都要在宇宙岁月中有如幻象一般地消失，何况是在这大地上如同尘埃一般生生死死的我们呢？这些认识固然有消极的一面，但它实际在告诫人们，既然人生短暂，又何必执着于身外的名利呢？如果人们不过于追逐名利，又能珍惜有限的生命，那人生就会很美好。

清静与清醒

寂而常惺[1],寂寂之境不扰[2];惺而常寂,惺惺之念不驰[3]。

【注释】

①寂:清静。惺:觉醒,清醒。

②寂寂之境:安然清静的境界。

③惺惺之念:清醒活跃的思想、意念。

【译文】

人在清静的时候要常保持清醒,但不要使清静的心境受到侵扰;人在清醒的时候要常保持清静,以使清醒的心念不致奔驰过远而无法约束。

【赏析】

动与静是生命的两种运动方式,动中有静,静中有动。这里所说的“寂”，就是让心中的烦恼止息。止息之后变得清明澄洁，不再起任何妄念，有如古井无波。但心灵的澄静并不意味着我们呆若木鸡，我们还要保持清醒活跃的思想，明白事物的道理。如果能够如此，便不会有什么烦恼，而随时随地都在禅定当中。“寂寂”是不动的，“惺惺”是动的。“寂寂”所以自心不受干扰，“惺惺”所以不落在空定当中。如果人们在纷乱的世事中能够做到“寂寂惺惺”，则能常常保持自己心境的安宁。古人谓“静若处子，动如脱兔”，只有保持心灵的清静与清醒，才能正确地应对人生，实现自己的人生理想。

智少与智多

童子智少[①]，愈少而愈完[②]；成人智多[③]，愈多而愈散[④]。

【注释】

①童子：小孩子。智：智谋，见识。

②完：完整。

③成人：成年人。

④散：散乱，不集中。

【译文】

小孩子的智谋见识较少，但他们智谋见识越少天性却越完整；成年人的智谋见识较多，但他们智谋见识越多思想却越散乱。

【赏析】

老子说："为学日益，为道日损。"知识和学问是由积累而来的，然而一旦积累多了，就会成为一种负担。所以老子主张这时要"为道日损"，一天一天地减去那些虚妄的见解，而达到一种"绝学无忧"的境界。孩童的智谋见识虽然比较少，但他们单纯而完整，确实比成人更易品尝生命的滋味。有一个典型的例子，在一张白纸上画一个圆圈，成人会说这是一个圆，但儿童则会说这是太阳、月亮、月饼、金牌等等，五花八门。因此，许多学者主张人要回到婴儿的纯真状态，真实地感受生命的存在。人活在世上当然需要知识与学问，但如果把知识与学问当做追逐声色名利的手段，动辄得咎，往往不能从学问中改善自己的人格，其智谋见识越多思想却越散乱。

得意与失意

无事便思有闲杂念头否[1]，有事便思有粗浮意气否[2]；得意便思有骄矜辞色否[3]，失意便思有怨望情怀否[4]。时时检点得到[5]，从多入少，从有入无，才是学问的真消息[6]。

【注释】

①思：反思。

②粗浮意气：心气粗鄙浮躁。

③骄矜辞色：傲慢自负的言行举止。

④怨望：怨恨，责怪。

⑤检点：自我反省。

⑥真消息：真谛，关键。

【译文】

清闲无事的时候，要反省自己是否有闲杂的念头；诸事缠身的时候，要反思自己是否有粗鄙浮躁的意气；志得意满的时候，要查点自己是否有傲慢自负的言行；落拓失意的时候，要反观自己是否有怨恨不满的情绪。时时能这样仔细检讨自身，使自己的不良习气由多变少，由少变无，这才是做学问的关键所在。

【赏析】

人在无事的时候，往往会因无聊而生出种种杂念，所以在闲居的时候最要将心收住。而忙碌的时候，又会变得脾气暴躁，不能冷静思考，这时要反思自己是否有粗鄙浮躁的意气。人在得意的时候，容易高估自己，其言行往往傲慢自负。同样地，人在失意的时候，容易怨天尤人，不能客观地看待失意的原因。人不是圣贤，会犯这样那样的过失，因此我们要时时检点自己，加强自己的道德修养。如果我们能使自己的不良习气由多变少，由少变无，这才是做学问的关键所在。学问的积累在于使我们的人格更成熟，生命更圆满，而不会闲而妄想，忙而气躁，得意骄矜，失意尤人。“岁寒，然后知松柏之后凋也”，只有经历了生活的风风雨雨，才能平常地看待人生，获得生活的幸福。

贫贱与富贵

贫贱之人，一无所有，及临命终时[1]，脱一厌字[2]。富贵之人，无所不有，及临命终时，带一恋字[3]。脱一厌字，如释重负[4]；带一恋字，如担枷锁[5]。

【注释】

①及临：等到将要。

②脱一厌字：从对贫贱的厌倦中解脱出来。

③带一恋字：带着恋恋不舍的重负。

④如释重负：好像放下了重担一样。形容解除某种负担后心里感到轻松愉快。

⑤如担枷锁：好像戴着枷锁一样。形容背上心里包袱后感到心情沉重。枷锁，本指囚禁犯人的两种刑具。这里比喻思想上的束缚、包袱。

【译文】

贫穷低贱的人，什么都没有，当他们面临死神时，因为对贫贱的厌倦而产生一种解脱感。富有高贵的人，什么都不缺，当他们面临死神时，却因为对名利的不舍而产生一种眷恋感。因厌倦而有解脱感的人，离开人世时好像放下重担般的轻松。因不舍而有眷恋感的人，离开人世时如同戴上刑具般的沉重。

【赏析】

人活在世上，有贫贱与富贵之分。但面对死亡，人人都是公平的，它既降临贫苦之家，也降临富贵之人。古代多少皇帝，如秦始皇、汉武帝等，梦想着长生不死，结果还是像凡夫俗子一样进入了幽冥世界。生活贫贱的人，由于他们生活艰难，有时死亡是一种解脱，所以他们往往笑对生死。生活富贵的人，由于他们的生活富足，留恋诸多身外之物，所以对死亡却充满了恐怖。真正通达的人，无论富贵贫贱，对生死的态度都是一样的。即使贫贱，也不厌生，因为生命在贫贱之外另有乐趣。即使富贵，也不厌死，因为生命在富贵之中也有疲惫。林则徐云："苟利国家生死以，岂因祸福避趋之。"一个生命充实的人，无论富贵贫贱，都是以国家的利益为重，坦然地面对生死。

名利与生死

透得名利关[1]，方是小休歇[2]；透得生死关，方是大休歇。

【注释】

①透得：看得透彻明了。

②方是：才是。休歇：休息。

【译文】

看透名利这一关，只能获得小休息；看透生死这一关，才能获得大休息。

【赏析】

“天下熙熙，皆为利来；天下攘攘，皆为利往。”试看古往今来，有几人能看破红尘，摆脱名利的羁绊？当然，对名利的追逐也是一种真实的生活，有着一定的现实意义。但如果过分贪婪，追逐名利不择手段，那只会害人害己，徒增生活的烦恼。其实，快乐并不在于名利二字，以名利所得的快乐求之甚苦，短暂易失。所以，智者看透了这一点，宁愿求取心灵的自由祥和，而不愿成为名利的奴隶。生与死，这是人人都要面临的问题，所谓人固有一死。面对生死关头，人们难免心怀恐惧，但是仔细思量，人生百年也不过是世间的匆匆过客，“生亦何欢？死亦何哀？”看得透名利，心灵就会减少烦恼；看得透生死，还有什么烦恼可言呢？

多欲与多言

多躁者[①]，必无沉潜之识[②]；多畏者[③]，必无卓越之见[④]；多欲者，必无慷慨之节[⑤]；多言者，必无笃实之心[⑥]；多勇者，必无文学之雅。

【注释】

①躁：浮躁。

②沉潜之识：深沉含蕴的智识。

③畏：恐惧。

④卓越之见：超越众人的见解。

⑤慷慨之节：正直激昂的气节。

⑥笃实：笃厚、诚实。

【译文】

心浮气躁的人，一定缺乏深思熟虑的见地。胆小怕事的人，一定缺乏超越众人的见解。嗜欲太重的人，一定缺乏刚直不阿的气节。夸夸其谈的人，一定缺乏脚踏实地的内心。过于勇猛的人，一定缺少文学的风雅。

【赏析】

人上一百，形形色色，比如有多躁者、多畏者、多欲者、多言者、多勇者等。既然人有形形色色，就要能够识人。浮躁的人，心不专注，对事情自然无法有深入的观察和见解。畏怯的人，随波逐流，自然不会有超越众人的见解。贪心的人，什么都不肯舍弃，自然缺乏刚直不阿的气节。好说的人，夸夸其谈，言过其实，自然无法切实地笃行。多勇的人，凡事都喜欢以力气去解决，自然很少能体察文学中那种细微的雅意。由此可见，多躁、多畏、多欲、多言、多勇都不是良好的现象，我们一方面要通过上述现象来认识和鉴别人，另一方面也要躬身自省，尽力克服那些缺点，努力做到深思熟虑、见识深远、刚直不阿、脚踏实地、文质彬彬。

佳思与侠情

佳思忽来[1]，书能下酒；侠情一往[2]，云可赠人。

【注释】

①佳思：美妙的思绪。

②侠情：豪放仗义的情意。

【译文】

当内心突然引发了美好的情思，即使没有佳肴，读一本好书就可为你佐酒。当内心猛然激发了豪放的情感，即使手中无物，摘一片白云就可以送人。

【赏析】

饮酒重在情趣，李白“花间一壶酒，独酌无相亲。举杯邀明月，对影成三人”，李清照“常记溪亭日暮，沉醉不知归路”，陶渊明“醒醉还相笑，发言各不领”，这就是得其情趣。美味佳肴，当然是佐酒之物；但如果内心突然引发了美好的情思，用一本好书以心灵的美食佐酒，就更加别有风味。侠情是不受拘束的，世情赠人以物，侠情赠人以意。赠人以物有尽也有失，赠人以意无尽也无失。以云赠人，千里随君而往，抬头便见，岂不是更见情意的深致？其实，心中一旦不拘泥形式，无论赠人什么，都弥足珍贵。

美人与名将

人不得道[1]，生死老病四字关[2]，谁能透过[3]？独美人名将，老病之状，尤为可怜。

【注释】

①得道：掌握有关宇宙万物本原、本体的法则和规律。
②四字关：指生、死、病、老等人生必经的四个关口。
③透过：看得透彻，放得开。

【译文】

人如果对生命不能大彻大悟，生、老、病、死这四个关卡，又有谁能看得破？尤其是倾国倾城的美人和叱咤风云的名将，他们那种衰老病弱的模样，特别使人感到生命的无奈和可怜。

【赏析】

美人迟暮，英雄末路，总是令人叹惋的事。为什么呢？正是因为昔日的辉煌与眼前的没落形成鲜明的对比，“门前冷落鞍马稀”，让人难以接受。自从佛教传入我国以后，在当权者的一再提倡下，出现了“南朝四百八十寺”的盛况，对民众产生了很大的影响。因为佛家看破了生老病死的关头，而将人的身体当做虚幻不实的东西。人之所以感到痛苦，主要是因为心理上的痛苦无法排遣，如果在心理上能够看破，就能够受苦而不苦了。美人迟暮，英雄末路，说明生命本身就不圆满，所以需要我们去领悟生命的真实意义。佛教的广泛传播与统治者希望麻痹百姓，减少人民的反抗有关，但从另一个方面来说，人们有一点佛教的精神，对正确领悟人生是很有裨益的。

放肆与矜持

真放肆不在饮酒高歌[1]，假矜持偏于大庭卖弄[2]。看明世事透[3]，自然不重功名；认得当下真[4]，是以常寻乐地。

【注释】

①放肆：不拘泥于现存的规矩和礼教。

②矜持：庄重自持。大庭：即大庭广众。

③看明世事透：把世事看得明了透彻。

④当下：当时，即时。

【译文】

真正潇洒豪放的人并不一定会饮酒狂歌，假装庄重的人却偏要在大庭广众间着意卖弄。能将世事洞察透彻的人，自然不会重视功名；能够抓住眼下幸福的人，据此可以经常找到快乐的宝地。

【赏析】

放肆是指性情的开放，矜持是指性情的拘谨。无论是放肆还是矜持，都是相对于一定的规则而言的。如果人与人的交往中能真诚相待，就不必拘泥于规则的限制。但是，有些人总以为唯有饮酒高歌，才是性情的开放；唯有庄重自持，才是交往的风度。庄重自持固然不错，但如果着意卖弄，以便取悦他人，只会让人不舒服。世事看得透彻，功名也不过是百年一戏。人如果活得实在，就不会太过于执著功名。古往今来的志士仁人，他们追求功名，所求者无非是为众人谋福的大事，而不计较一己的私名。真懂得生命情趣的人，决不会把自己的生命浪费在虚幻不实的事情上，也不会为无意义的事束缚自己的身心。随时都能保持身心最愉悦的状态，而不为人情世故所扰。

得足与得闲

人生待足何时足[①]，未老得闲始是闲[②]。

【注释】

①待足：等待着获得满足。

②得闲：获得清闲、闲适。始是：才是。

【译文】

人生活在世上如果一定要得到满足，到底何时才能真正满足呢？在还未衰老的时候能够得到清闲的心境，才是真正的清闲。

【赏析】

“人生待足何时足”，人们总希望有个满足的时候，但到底何时才能真正满足呢？明代朱载堉《山坡羊·十不足》写道：人们得到衣食，又思高楼、美妾、骏马、家丁，然后是升大官、登帝位、做神仙。这首散曲可谓入木三分，生动刻画了人们贪得无厌的追求。人活在世上不能没有追求，但追求是为了人类，也为了自己，更好地生活。这样才不会心为物役，欲壑难填。其实，在人短暂的生命中，只有心灵的满足才是真正的满足，也就不会为物欲所驱使，过着紧张而痛苦的生活。明白了这一道理，我们便能随时保持清闲的心境，过自由自在的生活。当然，这种自由是建立在明了生活本质的基础上，而不是指随波逐流、消极无为。

真身与形骸

云烟影里见真身[①]，始悟形骸为桎梏[②]；禽鸟声中闻自性[③]，方知情识是戈矛[④]。

【注释】

①云烟影里：形容世事如云如烟，飘浮不定。真身：真正的自我。

②桎梏(zhì gù)：本指脚镣和手铐，即用来拘系犯人手脚的刑具。后用以比喻一切束缚人的东西。

③自性：自然的本性。

④情识：情感和见识。戈矛：我国古代的两种兵器。

【译文】

在虚无缥缈的世事中看到了真正的自我，才领悟躯体原本是拘束人的东西。在飞鸟的欢鸣声中听出了自己的本性，才知道感情和见识原来是攻击人的戈矛。

【赏析】

杜甫云："水流心不竞，云在意俱迟。"心性原是不受任何拘束的，然而我们却时时为躯体所牵绊，追逐人世间的声色名利，那么躯体也就成为束缚人的桎梏。其实，人类的生活既有躯体上的追求，也有心灵上的追求，如果人们在虚无缥缈的世事中看到了真正的自我，就能领悟到躯体原来是拘束人的东西。《红楼梦》中《好了歌》云："世人都晓神仙好，唯有功名忘不了。古今将相在何方？荒冢一堆草没了。"禽鸟之声本于自然，我们却因种种感情识见，对天地万物有所取舍，以至于所见所闻均为感情识见所分割，心性也日趋狭窄闭塞。如果我们能从出自于自然本性的鸟鸣声中领悟生命的本质，那就会忘却尘世的恩恩怨怨、烦恼忧愁。

业障与贪念

明霞可爱，瞬眼而辄空[①]；流水堪听[②]，过耳而不恋。人能以明霞视美色[③]，则业障自轻[④]；人能以流水听弦歌，则性灵何害[⑤]？

【注释】

①瞬眼：一眨眼工夫。辄：就。

②堪听：动听。

③视：看待。

④业障自轻：已经形成的罪孽自然会减轻。业障，罪孽。

⑤性灵：性情。

【译文】

云霞明媚可爱，但是转眼之间就无影无踪了；流水潺潺动听，但是听过之后也就不再留恋了。人如能以观赏明霞的眼光来欣赏美人的姿色，那么因贪恋美色而引起的灾祸自然就会减轻；如能以倾听流水的心情来聆听弦乐歌声，那么弦乐歌声对我们的性情又有什么损害呢？

【赏析】

《三国演义》中吟唱："滚滚长江东逝水，浪花淘尽英雄。是非成败转头空。青山依旧在，几度夕阳红。"沧海桑田，斗转星移，人生不过是匆匆过客，但人类最大的痛苦，就在于我们贪恋所谓美好的事物。世事如彩霞固然美丽，但转眼就会消失，人间的一切又何尝不是如此？明媚可爱的彩霞，潺潺动听的流水，虽然无限美好，人们并不会特别留恋，但对倾国倾城的美人，却往往魂牵梦萦，孜孜以求。唐玄宗“汉皇重色思倾国”，就是典型的例子。佛家说人的业障在起心动念之间，如果我们能除去这种恶念，就不会有什么事物可以束缚我们的身心。如果以观赏明霞之心来欣赏美人，以聆听流水之心来倾听弦歌，我们就会心怀坦荡，没有什么事物能够蒙蔽我们的心灵。

辱骂与便宜

寒山诗云①："有人来骂我，分明了了知②，虽然不应对，却是得便宜。"此言宜深玩味。

【注释】

①寒山：即寒山子，唐朝贞观时高僧，擅长诗词，后人收辑其诗，编为《寒山子集》。

②了了知：明明白白地知晓，即听得清清楚楚。

【译文】

寒山子在诗中说："有人跑来辱骂我，我听得清清楚楚，但没有做出任何反应，由此我却得到了很大的好处。"这句话很值得我们深深地品味。

【赏析】

"姑苏城外寒山寺，夜半钟声到客船"，寒山是唐朝的高僧，其诗多表现山林隐逸之趣和佛教的出世思想。寒山的这首诗表现的是佛家的思想，却也包含了辩证法。世人难以忍受他人对自己的侮辱，尤其是中国人讲面子，许多纷争不快都由此而起。过于愤怒首先伤害了自己的身体，更有甚者，在气头上通过武力来解决矛盾，造成可怕的后果。如果遭到他人的辱骂，我们一方面要反省自己是否有什么过错，有则改之，无则加勉；另一方面，如果对方是无理取闹，我们也要尽量保持平和的心境，让其自讨没趣，无地自容。当然，人的忍耐也是有限度的，该出手时还得出手，否则就会陷入虚无主义，被动挨打。

毁誉与忧乐

有誉于前[1]，不若无毁于后[2]；有乐于身[3]，不若无忧于心[4]。

【注释】

①誉：赞誉。

②不若：不如。毁：毁谤。

③乐：快乐。

④忧：忧愁。

【译文】

赢得当面的赞美，倒不如避免背后的诋毁；获得身体的快乐，倒不如保持内心的舒畅。

【赏析】

人活在世上，总会有毁有誉。人们的毁誉取决于人的所作所为，但由于诸多利害关系的影响，当面所受的毁誉并不是真实的反映。唯其如此，我们要正确地看待毁誉。与其赢得当面的赞美，倒不如避免背后的诋毁。对我们自己而言，无论毁誉都要出自本心，当誉则誉，不虚伪矫情；不誉则不誉，但也不要背后诋毁别人。人活在世上，有身体的快乐，也有心灵的快乐。身体的快乐是暂时的，心灵的快乐是长久的。心中如果快乐，食菜根也味美，衣布衾也适体，眼中所见无不是乐。由此可见，心乐大于身乐。但在现实生活中，人们执著于对名利的追求，往往不能体会轻松的快乐。

会心与无稽

会心之语[①]，当以不解解之[②]；无稽之言[③]，是在不听听耳[④]。

【注释】

①会心之语：彼此互相理解，心领神会的话语。

②不解解之：不用解释就能理解它。

③无稽之言：毫无根据、经不起推敲的话。

④不听听耳：听到它就像没有听到。

【译文】

能够心领神会的言语，理解它时不需要作任何解释。毫无根据的言论，应当任由它从你耳边飘过而不予理睬。

【赏析】

“常恨言语浅，不如人意深”，言语是表情达意的工具，但并不能把所有的思想都表达出来，有些心境，只可意会，不可言传。彼此互相理解，不言已知，可谓“此时无声胜有声”；不能会心的人，言语道尽也不得其门。因此，能够心领神会的言语，理解它时不需要作任何解释。至于那些无稽之谈，往往不过是茶余饭后的谈资，我们一笑置之就可以了。如果对这些话予以计较，难免会徒生烦恼。如果不明白这一点，无论是以耳听心听，都要发生毛病，闹出笑话。会心人便作无稽谈也能会心，不会心人便作有心论也成无稽。金庸小说中的神仙眷侣，心意相通，让人何等羡慕。

顺境与逆境

花繁柳密处拨得开[1]，才是手段[2]；风狂雨急时立得定[3]，方见脚跟[4]。

【注释】

①花繁柳密：比喻荣华富贵的人生境遇。

②手段：办法，本领。

③风狂雨急：比喻挫折重重的人生境遇。立得定：站得住，不动摇。

④脚跟：比喻立场。

【译文】

处在花繁柳密似的顺境中，若能不受束缚，来去自如，才是有办法的人。身陷狂风急雨似的逆境时，若能站稳脚跟，不被击倒，才是有骨气的人。

【赏析】

人生总有不同的际遇，或繁花似锦，柳密如织，或电闪雷鸣，风狂雨急。一个人身处顺境也好，身处逆境也罢，都只是沧海一粟，过眼云烟。如果我们能识得时空的幻象，在最美好的境地里，不为繁花沾心，密柳缠身，依然来去自如。人在顺境中坚持自己的原则是容易的事，但是生命中并非全是顺境，往往逆境更多，这时我们要能坚定自己的良心，而不做出违背原则的事。古人说："威武不能屈，贫贱不能移，富贵不能淫”，就是说人在顺境和逆境中都要坚持原则。儒家的圣人孔子给人们做出了表率，他周游列国时遭遇了很多的坎坷，但他不改其志，正如他所说：“君子固穷，小人穷斯滥已。”

议事与任事

议事者身在事外[1]，宜悉利害之情[2]；任事者身居事中[3]，当忘利害之虑。

【注释】

①议事者：商议事情的人，即能发号施令的决策者。

②悉：熟悉。

③任事者：办理具体事情的人。

【译文】

对事情发表议论的人，置身事情的外围，应该详细了解事情的利害得失；而办理事情的人，身处事情当中，应当淡忘对于利害得失的顾虑。

【赏析】

议事与任事，都是为了办好事情，因而要讲究方法，明了办好事情的利害得失。议事者通常并不参与事情，往往不能了解处理事情的难处，以致议论的事不能切合实际需要。因此，议论事情的人，应该了解事情的利害得失，提出有利于办好事情的建议。对事情的发展和变化，要从多方面加以考察，使提出的建议顺应时势，切实可行。有些人在议事的时候，不明察利害得失，固执偏颇，往往对任事者造成负面影响。至于任事的人，身处事情当中，应该忘却个人的利益，勇往直前，如果缩手缩脚，瞻前顾后，那么再好的建议也无法付诸实现。既已担负这个责任，就应当处处以事情的利益为重，这样才会有利于自己的工作和事业。

空迷与静缚

谈空反被空迷[1]，耽静多为静缚[2]。

【注释】

①谈空：谈论空寂之道。迷：迷惑。

②耽静：沉溺在寂静的环境中。缚：束缚。

【译文】

喜好谈论空寂之道的人，往往被空虚所迷惑。沉溺寂静的人，往往为寂静所束缚。

【赏析】

我国古代有一种人生哲学，喜空谈，好寂静，如唐代诗人王维“晚年唯好静，万事不关心”。这些思想是受佛法的影响，但又是对佛法的误解，佛法说万物皆空，是叫我们不要对世间的事物过于执着，而使身心不得自在。结果有些人谈空却又留恋空寂，这与留恋世事并无分别，同样是一种执着。既然万物皆空，世间就无所执着。而有些人被空虚所迷惑，表明其仍然留恋世事，往往带来更大的痛苦。“耽静多为静缚”，也是同样的道理。动与静是一对相互矛盾的关系，南北朝诗人王籍说：“蝉噪林逾静，鸟鸣山更幽。”真正的静是心静而非形静，是在最忙碌的时候，仍能保持一种静的心境，不被外物牵动得心烦气躁。过犹不及，过于谈空、耽静，只会陷入虚无之中。

贫贱与老死

贫不足羞，可羞是贫而无志[1]；贱不足恶[2]，可恶是贱而无能[3]；老不足叹，可叹是老而虚生[4]；死不足悲，可悲是死而无补[5]。

【注释】

①可：堪，值得。

②贱：地位卑贱。

③可恶：值得厌恶。

④老而虚生：年老却虚度一生，一事无成。

⑤死而无补：到死去时却仍未为社会做出任何贡献。补，补益。

【译文】

贫穷并不值得羞愧，应该感到羞愧的是贫穷而没有志气；地位卑贱并不令人厌恶，令人厌恶的是卑贱而没有能力；年老并不令人叹息，可叹的是步入老年而一无所成；死亡也不值得悲伤，可悲的是死去时对社会没做任何贡献。

【赏析】

“贫贱不能移”，孔子的弟子颜渊过着贫穷简陋的生活，却乐在其中，深得孔子的称赞。一个人值得尊敬的是他的品德操行，而不是外在的贫富钱财。有的人虽然富贵，却品德败坏。有的人虽然贫寒，却德行高尚。地位的低贱往往是由出身造成的，愈是出身卑微，愈要有志气去改变现状。“王侯将相，宁有种乎！”只要勇于拼搏，就可“取而代之”。如果出身低微又不肯改变现状，只能是一事无成。年老是人生必经的过程，原本不值得叹息，可有的人少壮不努力，活到老时却一事无成，这种人生的终点确实令人惋惜。随着年老而走向死亡，这是人生必然的结局，原本也不值得悲伤，但有的人一生过得毫无价值，对社会没做任何贡献，这样的死亡确实是一种可悲的事。保尔曾经说过，当一个人回首往事的时候，不因虚度年华而悔恨，也不因碌碌无为而羞耻。

穷交与利交

彼无望德[①]，此无示恩[②]，穷交所以能长[③]。望不胜奢[④]，欲不胜餍[⑤]，利交所以必伤[⑥]。

【注释】

①望德：期望得到恩惠。德，恩德、恩惠。

②示恩：显示、张扬给予他人的恩惠。

③穷交：清贫朋友之间的交往。

④不胜奢：经不住奢侈。胜，经受住，承受起。奢，奢侈。

⑤不胜餍：不能全部得到满足。胜，尽，全部。餍，满足。

⑥利交：出于利益的目的与人交往。

【译文】

你不期望得到我的利益，我不故意卖弄对你的恩惠，这是穷朋友之所以能够长久交往的原因。你期望从我处获得许多，我期望从你处获得许多，这是从利益出发结交朋友而终会反目成仇的原因。

【赏析】

朋友之情是人世间的一种美好情感，所谓“海内存知己，天涯若比邻”。朋友当然重要，但结交什么样的朋友，恐怕是更重要的。有些是穷朋友，这些朋友的交往并没有物质上的先决条件，双方都不奢望从对方那里得到物质上的好处，也不会向对方故意卖弄恩惠。因此，这样的朋友便成了心灵之交，其友谊也就会长久。相反的，有些朋友是出于利益而交往，双方都有利益的要求，你期望从我处获得许多，我期望从你处获得许多。但是能够提供的好处总是有限的，人的欲望却是永远无法满足的。这样的朋友，一旦利益没有了，友情也就没有了，甚至还会因利益的关系而反目成仇。所以，交朋友最重要的是心灵的交往，而不是物质的交往。李白云："桃花潭水深千尺，不及汪伦送我情"，情谊岂是用金钱能够衡量的？

情死与情怨

情语云：当为情死，不当为情怨。关乎情者，原可死而不可怨者也。虽然既云情矣，此身已为情有，又何忍死耶？然不死终不透彻耳。君平之柳[①]，崔护之花[②]，汉宫之流叶[③]，蜀女之飘梧[④]，令后世有情之人咨嗟想慕[⑤]，托之语言，寄之歌咏。而奴无昆仑[⑥]，客无黄衫[⑦]，知己无押衙[⑧]，同志无虞侯[⑨]，则虽盟在海棠，终是陌路萧郎耳[⑩]。

【注释】

①君平之柳：君平，即唐朝诗人韩君平，南阳人，大历十才子之一。柳，即为韩君平的爱妾柳氏。侯希逸节度淄青，韩君平为记室。其宠妾柳氏曾在战乱中为番将所掳，后被同府虞侯许俊救回，得以与韩君平团圆。

②崔护之花：崔护，即唐朝诗人崔护，博陵人。崔曾于一清明节在城外郊游，因口渴讨水喝，遇一女子深情款款，殷勤上茶。次年清明，崔去故地寻访送茶女，却见景色依旧，而门扉紧闭，美女已不知去向。于是他在门上题诗道："去年今日此门中，人面桃花相映红。人面不知何处去，桃花依旧笑春风。"

③汉宫之流叶：即红叶题诗的典故。相传唐宣宗时，舍人卢渥偶然在皇宫御沟中拾得一片红叶，上题有绝句一首，于是将它珍藏于书箱

内。后来皇帝遣散宫女，那个归从卢渥的女子，恰巧是红叶题诗的主人，于是她感慨地说："当时偶题，不意郎君得之。"据说唐僖宗时的于佑与韩氏之间也发生过类似的情感故事。

④蜀女飘梧：出自杂剧《梧桐叶》。该剧讲述唐代西蜀人任继图与其妻李云英悲欢离合的故事。李云英与丈夫离散，于是题诗梧桐叶上，任其随风飘走。恰巧梧桐叶题诗为任继图拾得，夫妻二人因此得以团圆。

⑤咨嗟：叹息，感叹。

⑥奴无昆仑：出自唐代传奇《昆仑奴》。该故事讲述一个叫磨勒的昆仑奴，为主人抢得了所爱的女子。

⑦客无黄衫：出自唐代传奇《霍小玉传》。该故事记叙霍小玉痴情于李十郎，可是李十郎却是一名负心汉。后来有一位穿黄衫的侠客强挟李十郎至霍小玉寓所，让她见上了那负心汉一面。

⑧押衙：出自唐代传奇《无双传》。讲述古押衙想方设法帮助无双与王仙客成亲的故事。

⑨同志无虞侯：见注①。

⑩陌路萧郎：指女子所爱的男人成为了陌生人。出自唐代人崔郊赠婢女诗："侯门一入深似海，从此萧郎是路人。"萧郎，指女子所爱的男子。

【译文】

有人说：应当为爱情而死，不应当为爱情而生怨。关于爱情的事，本来就是只可为对方死，不应当心生怨恨的。虽然这么谈论爱情，但既然自己已身陷情中，又怎么忍心去死呢？然而，不死不足以证明情爱的深刻。韩君平的章台柳，崔护的人面桃花，发生在宫廷御沟的红叶题诗,以及梧叶题诗夫妻再见的故事,都使后世的有情人感叹羡慕。他们将这种羡慕之情,或借用文字流传下来,或表现在诗词歌曲的吟咏之中。然而,既无劫得佳人的昆仑奴,又无身著黄衫的豪侠客,没有如古押衙一般的知己,又无像虞侯一样志趣相投的人,那么,即使是有海棠花前的山盟海誓,彼此终究免不了成为陌路萧郎。

【赏析】

"问世间情为何物,直叫人生死相许。"古往今来,对于情为何物,实在难以用语言来表达。我国古代的诗歌传奇、小说戏曲中,记载了多少催人泪下的爱情故事,如君平之柳,崔护之花,汉宫之流叶,蜀女之飘梧,令后人嗟叹不已。人间一情字也难以看破,所谓"剪不断,理还乱",所谓"离恨恰如春草,更行更远还生"。既然世间有真情,就不应为情而死。人如果死了,情又何在呢?然而有时生死两茫茫,"天长地久有时尽,此恨绵绵无绝期",也许唯有一死才足以求得情义的圆满。人们常说愿天下有情人终成眷属,可见有情人成眷属之难,即使是有海棠花前的山盟海誓,如果没有一定的外界条件,终究避免不了成为陌路萧郎。

相思与离恨

费长房缩不尽相思地[1]，女娲氏补不完离恨天[2]。

【注释】

①费长房：《神仙传》中人物。该书载有这样一个故事：费长房向壶公学习法术，壶公问他要学什么样的法术，费长房说："想要观尽世界。"壶公就给他"缩地鞭"，使用这个"缩地鞭"，心里想去什么地方，这个地方就会立即缩小并展现在眼前。

②女娲氏：即古代神话中补天的女神女娲。

【译文】

即使有费长房那样的缩地法术，也无法将相思的距离缩尽；即使有女娲氏那样的补天之术，也无法将离恨的情天补全。

【赏析】

相思最苦，如"过尽千帆皆不是，肠断白蘋洲"，"不思量，自难忘。千里孤坟，无处话凄凉"。胡适先生也写过相思的白话诗："也想不相思，可免相思苦。几次细思量，情愿相思苦。"相思之病，最难医治。传说汉代的仙人费长房，有缩地的法术，不用说幽冥异路，天人永隔，就是天涯海角，在水一方，也缩不尽天下相思人所相隔的距离。传说女娲能补天，却难补离恨天。天可以用石头来补，情又拿什么来补呢？人世间总是有许多的不尽人意，才有了许多可歌可泣、动人肺腑的爱情故事。既然如此，也许无法缩尽距离，无法补全情天，这才成全了人类情爱的一道绚丽风景。

梦中与梦醒

枕边梦去心亦去[1]，醒后梦还心不还[2]。

【注释】

①枕边梦去：意思是写相思之人进入梦境后，心即随梦飞到了爱人身边。

②梦还心不还：指一梦醒来由梦境回归了现实生活，但心却仍然留在梦境之中不肯回来。

【译文】

心随着枕边的梦境到达他身边，醒来之后梦境已逝，心却留在他身边不肯归来。

【赏析】

相思之人，既然身不能相随，只有魂梦相伴。唐代诗人金昌绪有首《春怨》："打起黄莺儿，莫教枝上啼。啼时惊妾梦，不得到辽西。"这首诗运用层层倒叙的手法，描写一位女子对远征辽西的丈夫的思念。梦中虽能相随，醒来毕竟是梦。魂梦归来，心却留在梦境。元人郑德辉的《倩女离魂》，大意是王文举与张倩女是一对恋人，王文举赴京赶考，张倩女相思成疾，魂魄离躯赶了上来。王文举带她一同赴京，而家中张倩女的病躯则是终日昏昏沉沉。王文举状元及第后，携夫人回家省亲，众人见有两个张倩女，以为有鬼魅。张倩女的魂魄重新回到体内，病也就好了。

"倩女离魂"的故事，毕竟只能是幻想，相思之人往往"只有相思无尽处"。

美色与痴慧

阮籍邻家少妇[①]有美色，当垆沽酒[②]，籍常诣饮[③]，醉便卧其侧。隔帘闻坠钗声[④]而不动念者，此人不痴则慧，我幸在不痴不慧中。

【注释】

①阮籍：古代文学家、思想家，字嗣宗，陈留尉氏人（今属河南），为竹林七贤之一。邻家少妇：据《世说新语》载，阮籍邻居家的少妇长得十分美丽，以开店卖酒为业。阮籍常与王安丰等人一道去少妇的酒店饮酒。阮籍喝醉后，常常就睡在少妇的身边。少妇的丈夫开始怀疑阮籍图谋不轨，暗中观察后发现他并无什么邪念，于是就放下心来。

②当垆：古时的酒店垒土为垆，以安放酒瓮，卖酒人坐在垆边，称为“当垆”。沽酒：卖酒。

③诣：去，到。

④坠钗：耳坠和头钗。

【译文】

阮籍邻居家有个少妇，长得十分美貌，以卖酒为业。阮籍常去她店里畅饮，醉了便睡在她的身旁。他隔着帘子听到她玉钗落地的声音，心中却不起邪念。他这个人不是痴人便是绝顶聪明的人。我幸亏属于不痴不慧的人。

【赏析】

阮籍是竹林七贤之一，他生于魏晋动荡之世。阮籍在政治上本有抱负，曾观楚汉古战场，慨叹“时无英雄，使竖子成名”！阮籍感到世事不可为，于是采取不涉是非、明哲保身的态度，或者闭门读书，或者登山临水，或者缄口不言，或者酣醉不醒。他认为“人生若尘露”，与其追逐功名利禄，不如“乘流泛轻舟”。他的沉醉，其实是不愿见世间的种种丑态，醉翁之意，但图一醉。据《世说新语》记载，阮籍常与朋友一道去邻家少妇的酒店饮酒。阮籍喝醉后，常常就睡在少妇的身边。他或许喜爱少妇的美色，但他并无什么邪念，所作所为皆出于率真的性情。在美人之旁而心无旁骛，非看破红尘者不能如此。

慈悲与恩爱

慈悲筏济人出相思海①，恩爱梯接人下离恨天②。

【注释】

①慈悲筏：佛家劝世人放下恶念，以慈悲为怀，并将慈悲比做可以渡人脱离苦海的筏子。相思海：比喻绵绵不尽的相思。

②恩爱梯：指恩爱可以成为助人上下的梯子，即使陷入难上难下的困境，有了“恩爱”这把梯子，就可以上下自如，脱离苦海。离恨天：比喻离愁别恨的无边无际。离恨，离愁别恨。

【译文】

用慈悲作筏子，可以渡人脱离这相思的苦海；以恩爱为梯子，可以接人走下这离恨的高天。

【赏析】

所谓慈悲筏，就是佛家把慈悲比喻为渡人脱离苦海的筏子。相思成海，辽阔无边。其魂牵梦萦，失魂落魄，形容枯槁，无以言表。怎样才能摆脱这相思对人的折磨，不如以慈悲作筏渡过苦海。所谓恩爱梯，就是以恩爱为梯，让人上下自如，脱离苦海。在佛家看来，人世间的恩恩怨怨永无止境，只有看破红尘，才可能脱离苦海。如果不能明白这一点，终不能走出相思海、离恨天。在对待爱情与婚姻的问题上，我们应该采取积极乐观的态度，既相信真挚的感情，又要扩展我们的情感，热爱人生，热爱自然，这样一定会跳出那相思苦海和离恨情天。

花柳与雨云

花柳深藏淑女居①，何殊三千弱水②？雨云不入襄王梦③，空忆十二巫山④！

【注释】

①淑女居：美貌贤淑女子的深闺。

②三千弱水：传说古代时蓬莱在海中，千里迢迢，难以抵达。有位仙女泛舟到达，一道士说"蓬莱弱水三千里，非飞仙女不可到"。

③雨云不入襄王梦：宋玉《高唐赋》序：楚襄王与宋玉游于云梦之台，见高唐之上云气变化无穷。宋玉告诉襄王说那就是朝云。并说了一个故事："昔者先王尝游高唐。怠而昼寝，梦见一妇人，曰：'妾，巫山之女也，为高唐之客，闻君游高唐，愿荐枕席。'王因幸之，去而辞曰：'妾在巫山之阳，高丘之阻，旦为朝云，暮为行雨。朝朝暮暮，阳台之下。'"据《神女赋》序载，楚襄王听了这个故事之后，夜晚梦见自己也与神女相遇。雨云，即云雨，比喻男女欢合。

④十二巫山：指巫山十二峰。地处重庆、湖北两省市边境，并列于长江两岸，奇峰峭壁，连绵不断。据《方舆胜览》载，此十二峰为：望霞（神女）、翠屏、朝云、松峦、集仙、聚鹤、净坛、上升、起云、飞凤、聚龙、圣泉。十二峰中尤以神女峰最为奇特。

【译文】

淑女的闺房深锁在花丛柳荫之中，难以抵达，这与蓬莱之外三千里的弱水有什么区别呢？行云行雨的神女，不来襄王的梦里，纵使想遍巫山十二峰，只不过是白费心思！

【赏析】

古代女子幽居深闺，在娘家“养在深闺人未识”，在夫家也是“庭院深深深几许”。正因为如此，君子要追求花柳深藏的淑女，就像蓬莱之外三千里的弱水一样难以渡过。弱水泛指险峻而遥远的河流，苏轼《金山妙高台》云：“蓬莱不可到，弱水三万里。”《西游记》云：“八百流沙界，三千弱水深。鹅毛飘不起，芦花定底沉。”既然花柳重重，围墙高锁，也就只有魂梦可以到达了。如果能入梦，倒也罢了，偏偏“云雨不入襄王梦”。就是梦都不可得，情何以堪？人世间一情字最难捉摸，蓬莱弱水，巫山云雨，都是人们的美好理想。因此，我们唯有用一颗平常心来对待情感，才可以走出感情的阴霾，迎来明媚的阳光。

阴云与情天

黄叶无风自落，秋云不雨长阴[①]。天若有情天亦老，摇摇幽恨难禁[②]。惆怅旧欢如梦[③]，觉来无处追寻[④]。

【注释】

①不雨：不下雨。

②摇摇：形容忧心无所寄托，摇摆不定。幽恨：深积心底的怨恨。

③惆怅：失意的样子。

④觉来：一觉醒来。

【译文】

黄叶即使无风，也会独自飘零；秋天虽不下雨，但也显得阴沉。天如果有感情，也会因情愁而日渐衰老；这种激荡在心中的幽怨，真是难以抑止。落寞失意中回想往日的欢乐，感觉仿佛在梦中一般。梦醒之后，四处追寻，所有的欢乐已消失得无影无踪。

【赏析】

李贺诗云："衰兰送客咸阳道，天若有情天亦老。"毛泽东诗云："天若有情天亦老，人间正道是沧桑。"天本无情，只因为人有情，才会为情所苦。情愁就像黄叶无风自落，就像秋天阴云密布，让人难以抑制，断人愁肠。梦里不知身是客，恣情贪欢，谁知道无限欢情之后，反而会带来更大的痛苦。不能追寻又偏要追寻，人情的矛盾就在于此。往日欢乐，恰似一梦，而今才知道那欢乐是苦根。既然醒来更加痛苦，又何必对感情如此地执着呢？生命如此短暂，一切事物都会成过眼云烟，因此我们对待感情要采取正确的态度，避免陷入情感的沼泽之中。

紫玉与西施

吴妖小玉飞作烟①,越艳西施化为土②。

【注释】

①吴妖小玉:即吴王夫差的小女儿紫玉。据《搜神记》载,紫玉爱恋童子韩重,想嫁给他,却不能如愿,遂忧虑而死。后来韩重去凭吊紫玉,她的孤魂现出人形。韩重想抱住她,而紫玉的魂魄却化作烟雾消散了。

②越艳西施:即战国时越国美女西施。

【译文】

吴王那个妖艳的女儿小玉,早已化作轻烟飘散了;越国那个美艳的女子西施,也已变为尘土掩埋了。

【赏析】

紫玉的故事出自《搜神记》,她为所爱的韩重忧虑而死,化作飞烟而消散。西施的故事更广为人知晓,她美艳倾国,被越国献给吴王夫差。当时越王勾践战败,吴王夫差因胜越国而骄傲,又沉湎女色,疏于朝政,后来终被越国打败。韩重得到紫玉的心,而没有得到她的人。夫差得到西施的人,而没有得到她的心。但我们从现在的眼光来看,无非都是飞烟与尘土。其实,就算同时得到了人和心,在历史的烟尘中,又何尝不是飞烟与尘土呢?但在烟尘弥漫中,人们却总要梦里寻他千百度,为伊消得人憔悴,如烟之逐尘,如尘之追烟。情爱原是烟尘之事啊!

杨柳与阳关

几条杨柳①，沾来多少啼痕②；三叠阳关③，唱彻古今离恨④。

【注释】

①杨柳：古人送别离人，多从路边折柳相送，以示依依惜别之情。《三辅黄图》有载："灞桥在长安东，跨水作桥，汉人送客至此桥，折柳送别。"这在许多古诗词中也可得到印证。

②沾：沾染。啼痕：人们惜别时哭泣的泪痕。

③三叠阳关：即古乐曲《阳关三叠》。唐朝诗人王维所作《渭城曲》，被后人谱乐，用作送别之曲。演奏至阳关句，反复咏唱，称为"阳关三叠"。阳关，古地名，位于今甘肃西南，与玉门关同为古代出关的必经之地。

④彻：尽。

【译文】

摇摆的几条柳枝，沾上多少离人的泪水；反复咏唱的阳关曲，唱尽了古今的离愁别恨。

【赏析】

我国古代常以杨柳表示依恋的情感。柳与留谐音，因而古时送别友人，常折柳枝相赠，以示依恋之情，故有"杨柳依依"之说。《诗经》

云："昔我往矣，杨柳依依。今我来思，雨雪霏霏。"杨柳无情，离人自有情；杨柳无泪，离人自有泪。唐朝诗人王维所作《渭城曲》："渭城朝雨浥轻尘，客舍青青柳色新。劝君更尽一杯酒，西出阳关无故人。"这首诗表达了依依惜别的深情，被后人谱曲反复咏唱，称为《阳关三叠》。它的确唱出了千古离人的离愁别绪，委婉苍凉，催人泪下。但月有阴晴圆缺，人有悲欢离合，这是无法改变的事实，因此我们要豁达地看待人生，哪怕是生活中的不够圆满也要坦然面对。

琴弦与知音

弄绿绮之琴[①]，焉得文君之听[②]；濡彩毫之笔[③]，难描京兆之眉[④]。瞻云望月[⑤]，无非凄怆之声[⑥]；弄柳拈花，尽是销魂之处[⑦]。

【注释】

①绿绮之琴：绿绮为西汉辞赋家司马相如的琴名。史载司马相如与临邛令王吉善到富人卓王孙家做客，恰遇因丈夫去世寡居娘家的卓文君。司马相如对卓文君产生爱慕之情，用绿绮琴弹奏了一曲《凤求凰》来招引文君。卓文君能够领会司马相如琴音中的情意，即当夜与他私奔。

②焉：如何。

③濡：沾湿。彩毫：彩笔。

④京兆之眉：汉朝人张敞与妻子十分恩爱，亲手为妻子画眉，一时传为佳话。由于张敞任过京兆尹的官职，此处便以京兆尹指代张敞。

⑤瞻：向上看。

⑥凄怆：悲伤。

⑦销魂：亦作"消魂"。为情所感，仿佛魂魄离体。形容极度地悲愁。

【译文】

弹弄着像司马相如那样的弦琴，但如何才能得到像卓文君那样能解琴音的女子聆听？沾湿了画眉的彩笔，却难以画出张敞为妻子描出的那种娥眉。抬头望见浮云明月，耳中听到的都是凄凉悲伤的声音；抚弄柳枝采摘花朵，所到之处都是令人伤感的地方。

【赏析】

司马相如，西汉大辞赋家。他与卓文君私奔的故事，长期以来脍炙人口，传为佳话。他在《凤求凰》中唱道："交情通意心和谐，中夜相从知者谁？双翼俱起翻高飞，无感我思使余悲。"司马相如弹奏的乐曲使卓文君大为感动，决定与他私奔。"欲取鸣琴弹，恨无知音赏。"知音难遇，情人难求，情人又是知音，岂非难上加难？情人如果不是知音，弹来又给谁听？不如没有的好。在我国古代社会夫为妻纲，妇女没有社会地位，但身为京兆尹的张敞亲手为妻子画眉，一时传为佳话。为人画眉，所画是情而不是眉，如果没有像张敞那样的情郎，画眉深浅又给谁看呢？但是自古以来，知音难觅，所以抬头难免会望见浮云明月，耳中听到的都是凄凉悲伤的声音；抚弄柳枝采摘花朵，所到之处都是令人伤感的地方。

豆蔻与丁香

豆蔻不消心上恨[1]，丁香空结雨中愁[2]。

【注释】

①豆蔻：植物名。有草本和木本两种，可入药。人们用豆蔻花苞比喻妙龄少女。

②丁香：植物名，又名鸡舌香。花呈淡红色，花簇生于茎顶如同打结。

【译文】

豆蔻年华的少女难以消释心中的幽恨，为的是那丁香花空自绕着同心结在雨中忧愁地开着。

【赏析】

豆蔻年华，是一个女子人生最美好的时光，唐代杜牧《赠别》诗中有“娉娉袅袅十三余，豆蔻梢头二月初”之语，以初春枝头的豆蔻花比喻美丽的少女。但是，纵使豆蔻年华，如果不能得到美妙的爱情，也难以消释心中的幽恨。李伯玉《浣溪沙》云：“青鸟不传云外信，丁香空结雨中愁。”现代诗人戴望舒的《雨巷》：“撑着油纸伞，独自彷徨在悠长，悠长又寂寥的雨巷，我希望飘过一个丁香一样的，结着愁怨的姑娘。”丁香为结，已是不堪重负，更何况正是处在花样年华？豆蔻美丽，丁香花艳，这都是大自然给我们的恩赐，如果我们为情所困，不能自拔，那反而辜负了大自然的美好情意。

湘岸与巫山

填平湘岸都栽竹[1]，截住巫山不放云[2]。

【注释】

①湘岸栽竹：相传上古时舜帝娶了尧的两个女儿娥皇和女英。舜南巡时死于苍梧，娥皇、女英赶到湘江，遥望苍梧而悲泣，泪水染竹成斑点。不久二人悲痛而死，她们的泪水就成了永留于湘竹上的斑点。因此，湘竹又称斑竹、湘妃竹，借喻忠贞不渝的爱情。

②巫山：参见《花柳与雨云》篇注④。

【译文】

将湘水两岸填平，全都种满斑竹；把巫山之顶封上，不让行云飞走。

【赏析】

毛泽东诗云："九嶷山上白云飞，帝子乘风下翠微。斑竹一枝千滴泪，红霞万朵百重衣。"湘妃泪洒斑竹，这是我国古代一个优美的爱情故事，不是有情人不能如此。二妃的眼泪，实为天下有情人共流之泪，又岂止是舜与二妃如此呢？故天下有情人处，无竹不斑，即使湘江两岸都栽下竹林，仍然挥洒不尽相思的眼泪。巫山云雨，也寄托了人们的美好情感。云岂可以截？这也不过又是情人的痴话。截云留梦，只截下万千的愁绪。与其填平湘岸都栽竹，截住巫山不放云，还不如顺其自然，坐看云起云落。

鬓绿与衫黄

那忍重看娃鬓绿[①]，终期一遇客衫黄[②]。

【注释】

①娃鬓绿：指美丽女子的秀美头发。娃，吴地方言称美貌女子为“娃”。鬓绿，形容头发乌黑而光亮。

②客衫黄：参见《情死与情怨》篇注⑦。隋唐时期少年常以穿黄衫为高贵。

【译文】

哪忍镜前反复欣赏这美丽的容貌和乌亮的秀发，只希望能像霍小玉那样遇到一位黄衫豪客。

【赏析】

豆蔻年华虽美，但没有美满的爱情，会感到无比的遗憾，所以哪忍镜前反复欣赏这美丽的容貌和乌亮的秀发。在李十郎与霍小玉的爱情故事中，李十郎始乱终弃，霍小玉痴情不改。如果不是黄衫客强抱十郎到小玉的寓所，小玉至死终不能再见负心郎一面，十郎的负情便成为当然的事。然而相见真如不见，小玉含泪执手对李生说：“我为女子，薄命如斯。君是丈夫，负心若至。韶颜稚齿，饮恨而终……我死之后，必为厉鬼。使君妻妾，终日不安！”情而至此，夫复何言？纵使像霍小玉那样遇到一位黄衫客，所表达的无非也是怨恨。晏同叔《木兰花》云：“天涯地角有穷时，只有相思无尽处。”相思之海无边无际，不如脱身此海。

幽情与怨风

幽情化而石立[①]，怨风结而冢青[②]；千古空闺之感，顿令薄幸惊魂[③]。

【注释】

①石立：今湖北武昌北山上有一块如女人站立状石头，人们称之为"望夫石"。相传从前武昌有位女子，她的丈夫从征服役，久久未归。她每天都爬至城郊北山，立于山顶望夫归来，最终化为一块石头，永远眺望着丈夫远去的方向。

②冢青：即指昭君坟。昭君坟在今呼和浩特市境内。北方边塞多为白草，而昭君坟上却绿草青青，所以昭君坟被人们称为"青冢"。

③薄幸：薄情的人。

【译文】

款款深情化为久久伫立的望夫石，幽幽怨风凝成长满青草的昭君坟；古往今来独守空闺的女子的孤苦之感，顿时使得负心的男子为之心神不宁。

【赏析】

古代征战频繁，丈夫血战疆场，妻子魂绕梦牵。陈陶《陇西行》云："誓扫匈奴不顾身，五千貂锦丧胡尘；可怜无定河边骨，犹是春闺梦里人。""望夫石"的故事，就是反映了丈夫出征后妻子的无限思念之情。

因情而化石，虽令人震惊，然而即便是双眼望出血泪，丈夫又怎么能回来呢？“醉卧沙场君莫笑，古来征战几人回！”如果丈夫薄幸，那就更不可望，只有悲怨而已。王昭君自恃貌美，不巴结画师毛延寿，后来和亲匈奴，死在胡地。杜甫《咏怀古迹》云：“群山万壑赴荆门，生长明妃尚有村。一去紫台连朔漠，独留青冢向黄昏。”一座青冢留在荒漠之上，也留下无穷的怨恨。是啊，古往今来独守空闺女子的孤苦之感，顿时使得负心的男子也为之心神不宁。

良缘与知己

良缘易合，红叶亦可为媒①；知己难投②，白璧未能获主③。

【注释】

①红叶亦可为媒：相传唐僖宗在位时，有个叫韩翠萍的宫女在红叶上题诗，放置御沟。此红叶随流水飘至宫外，被士人于祐捡到了。于祐也在红叶上题诗，放入沟中。这片红叶流入宫中后恰巧被翠萍拾得。后来宫中放出宫女三千，韩翠萍也在其中，于祐便与她结为夫妻。忆起从前红叶题诗之事，韩翠萍感慨万千，吟诗一首："一联诗句随流水，二载幽思满素怀；今日却成鸾凤友，方知红叶是良媒。"

②投：投合，投缘。

③白璧未能获主：这是指的和氏璧的故事。春秋时期，楚人卞和在荆山得到一块珍贵的璞玉。他先将此玉献给当朝的楚厉王，楚厉王不识此玉，还认为他欺君，命人砍掉了他的左脚。后来楚武王即位，卞和再将璞玉献去。楚武王也不识此玉，命人砍掉了卞和的右脚。等到楚文王在位时，卞和为璞玉不为人赏识而痛惜，抱着它在荆山下哭泣。楚文王得知此事后派人去查问，最终识得了这块宝玉，并命人将它雕琢成一块美玉，称之为"和氏璧"。

【译文】

美满的姻缘容易结合，即使是红叶也可以成为良媒；投合的知己难以寻觅，恰似美玉难以得到赏识的主人。

【赏析】

红叶为媒的故事，也是一段情爱的佳话。其实，人世间的一切都是因缘而聚散，红叶可以为媒，流水可以相通。有缘千里来相会，无缘对面不相逢。在《红楼梦》中，黛玉之还宝玉以一生的眼泪，情缘真是难偿，红楼到底是梦一场。不仅仅是爱情，就是友谊，也往往要有因缘。我国古代有个著名的“和氏璧”的故事，卞和怀抱美玉，而饱受摧残，最终才被认识。“何世无奇才，遗之在草泽”，卞和还有被人理解的时候，可有多少有才有德之人埋没终生呢？有情虽石亦为玉，无情虽玉亦为石，一切还是随缘吧。

香风与红雨

蝶憩香风[1]，尚多芳梦[2]；鸟沾红雨[3]，不任娇啼[4]。

【注释】

①憩：休息。香风：春天百花盛开，芳香四溢，连春风也带上了芬芳的气息。

②尚：尚且。芳梦：美梦。

③红雨：盛开的花朵经风吹雨打之后，花瓣会随风随雨飘落纷飞，好像红雨天降。

④不任：不胜，不堪。娇啼：鸟儿哀婉凄厉地鸣叫。

【译文】

当蝴蝶还在春日的香风中憩息时，青春的梦境还是芬芳而美好的；一旦鸟羽沾上吹落的花瓣，那时的啼声便凄切而不忍卒闻了。

【赏析】

唐杜秋娘诗云："劝君莫惜金缕衣，劝君惜取少年时。花开堪折直须折，莫待无花空折枝。"当蝴蝶在春日的香风中憩息时，青春无限，繁花似锦，心神已醉。然而，人生如浮云，稍纵即逝，等到一旦鸟羽沾上吹落的花瓣，那时的啼声便凄切而不忍卒闻了。再回想当初的明媚春景，真觉得是南柯一梦。无论繁花还是粉蝶，都是造化弄人。此情可待成追忆，只是当时已惘然。既然春光易逝，我们只有珍惜美好的时光，欣赏大自然的神秀，这才不会留下遗憾。

相思与想煞

无端饮却相思水[①]，不信相思想煞人[②]。

【注释】

①无端：无缘无故。饮却：饮下。

②想煞人：即想死人。

【译文】

无缘无故地饮下相思之水，不相信相思真的会使人想念至死。

【赏析】

唐李商隐《锦瑟》云："锦瑟无端五十弦，一弦一柱思华年。庄生晓梦迷蝴蝶，望帝春心托杜鹃。""无端"二字，表明了人世间的不可明了。古今多少事，都是无理可说，在感情方面尤其如此。无缘无故就饮下相思之水，无缘无故就自苦不已，这又有什么道理可言呢？无端之事既无道理，又无结尾，岂不令人愁肠寸断。偏偏当初不信相思之苦，如今遍尝苦果，才知道相思之水饮之无解，才饮一滴，便要纠缠一生。而年少时的好奇，到如今换得泪眼婆娑。正如辛弃疾《丑奴儿》所说："少年不识愁滋味，爱上层楼。爱上层楼，为赋新词强说愁。而今识尽愁滋味，欲说还休。欲说还休，却道天凉好个秋！"

多情与薄命

陌上繁花[①]，两岸春风轻柳絮；闺中寂寞，一窗夜雨瘦梨花[②]。芳草归迟[③]，青驹别易[④]；多情成恋，薄命何嗟[⑤]！要亦人各有心[⑥]，非关女德善怨[⑦]。

【注释】

①陌上繁花：田间小路上开满鲜花。

②瘦梨花：闺中相思的女子被离愁别绪折磨得瘦弱不堪，恰似盛开的梨花，经历一夜风雨后，花瓣凋零，娇弱无力。

③芳草归迟：望断天涯芳草路，迟迟不见郎影踪。

④青驹别易：爱人离别时骑着黑马，一下子就走远了。

⑤薄命：福气浅薄，命运不好。嗟：叹息。

⑥要亦：关键只是。

⑦女德：女子的品性。

【译文】

路旁鲜花盛开，河流两岸春风轻轻吹起柳絮；路边立着的这位深闺中的孤寂女子，就如经过一夜风吹雨打的梨花，那么消瘦无力。她望断芳草天涯路，迟迟不见他的踪影，想想当初他骑马分别何等容易。都怪自己太多情以致对他恋恋不舍，为什么要嗟叹自己命运不好呢？主要的问题只是男人的心思易变，并不是女人天生就善于怨恨。

【赏析】

路旁鲜花盛开，而闺中女子寂寞，这两者形成了鲜明的对比。自古红颜多薄命，闺女相思幽幽，负心的男子却迟迟不归。冯延巳《鹊踏枝》云："几日行云何处去，忘却归来，不道春将暮！"行云本无心，却是人有意。无心则青骑易别，芳草归迟，有意则多情成恋，薄命何嗟！奈何以有意对无心，以有情付无情，命薄又能奈何？春愁如絮，不因风起，却因雨坠。情之何物，既是如此，女德又何必善怨呢？其实，不管是男是女，有了心中的一份牵挂，有了愁肠寸断的相思，就有无尽的烦恼与痛苦。

清风与明月

幽堂昼深①，清风忽来好伴②；虚窗夜朗③，明月不减故人④。

【注释】

①幽堂：幽静清雅的厅堂。

②好伴：友好的伙伴。

③虚窗：虚掩的窗户。

④不减：比……不差。

【译文】

待在幽静的厅堂里，感到白天的时光显得特别地悠长，忽然吹来一阵清风，仿佛是亲密的伙伴来到身旁。立在虚掩的窗户前，感到夜色十分清朗，仰望天空的那一轮明月，如同故交老友一般融洽。

【赏析】

沧浪亭有一副楹联："清风明月本无价，近水远山皆有情。"人之有情，清风明月皆有了情意。人的感情有所寄托，于是天地有情，清风就像是亲密的伙伴。人间情意难尽，良朋益友终不能长久相随，此意唯有转托于清风，天涯与我相伴。明月何其多情，夜夜来照窗前，仿佛故人容貌，一样对我开颜。李白诗云："古来圣贤皆寂寞，唯有饮者留其名。"自古以来，圣贤之人傲立于世，无法排遣寂寞，唯有饮酒，唯有与清风明月相伴，才可以得到心灵的澄静。或举杯邀明月，或花间一壶酒，把酒临风，此乐何极。

落花与秋月

初弹如珠后如缕[①]，一声两声落花雨[②]；诉尽平生云水心[③]，尽是春花秋月雨[④]。

【注释】

①缕：线。

②落花雨：孟浩然有诗："夜来风雨声，花落知多少"，故而春雨又为"落花雨"。

③云水心：指如云似水、游离不定的心境。云水，即云和水，常用来称呼游行四方的僧人和道士。因其行踪不定，如行云流水，故名。

④春花秋月：出自南唐后主李煜《虞美人》。原词为："春花秋月何时了，往事知多少？小楼昨夜又东风，故国不堪回首月明中。雕栏玉砌应犹在，只是朱颜改。问君能有几多愁，恰似一江春水向东流。"后人们常以春花秋月比喻勾人情思、引人伤感的良辰美景。

【译文】

落花时节所下的雨，初听像珠玉落盘，再听如丝线绵绵不绝；似乎在倾诉平生如云似水的柔情，都是春花秋月之语。

【赏析】

这是写听一首琵琶曲的感受。唐代白居易做江州司马时，巧遇一琵琶女，听了她演奏的乐曲后在《琵琶行》中写道："转轴拨弦三两声，未成曲调先有情。弦弦掩抑声声思，似诉平生不得志。”“大弦嘈嘈如急雨，小弦切切如私语。嘈嘈切切错杂弹，大珠小珠落玉盘。”这琵琶初弹起来，像珠玉落盘，又声声不绝，就像那落花时节所下的雨。仔细一听这摧花的雨，又似乎在倾诉平生如云似水的柔情，都是春花秋月之语。要能听得春花秋月语，必先识得如云似水心。云水心是落花雨，落花雨便是春花秋月语，但有几人识得其中的含义呢？花自飘零水自流，如果能正确地看待人生，那就会成为这首琵琶曲的知音。

亡国与歌舞

今天下皆妇人矣[1]！封疆缩其地，而中庭之歌舞犹喧[2]；战血枯其人，而满座貂蝉自若[3]。我辈书生，既无诛贼讨乱之柄[4]，而一片报国之忱[5]，惟于寸楮尺字间见之；使天下之须眉而妇人者，亦耸然有起色[6]。

【注释】

①天下皆妇人：北宋太祖乾德二年(964)，赵匡胤派兵攻打后蜀，后蜀主孟昶慌忙派兵抵挡。虽然后蜀拥有十万大军，且占有险要地势，但只两个多月时间就溃不成军。孟昶只好派人送去一纸降书，称臣北宋。后来，宋太祖向后蜀官中貌美工诗的花蕊夫人询问蜀国灭亡的原因。花蕊夫人随即吟得一首《述亡国诗》作答："君王城上竖降旗，妾在深宫哪得知！十四万人齐解甲，宁无一个是男儿？"表达了不甘为亡国奴的悲愤之情。

②喧：喧嚣。

③貂蝉：古代皇帝侍从官员帽上的装饰物，也借指达官贵人。自若：自如。
④柄：权柄，权力。
⑤忱：热忱，热心。
⑥耸然：昂首挺胸、精神振奋的样子。

【译文】

看来当今天下的男儿都如同妇人一般。眼看着国土逐渐为敌人侵吞，然而厅堂中仍是笙歌一片；战场上战士的血已流尽，身体已枯干，而满朝文武官员，仿佛无事一般。我们这些读书人，没有平定叛乱讨伐逆贼的权柄，只有将报国的赤诚在文字上加以表现，使天下枉为男子汉的人能够受到触动、有所改进。

【赏析】

古时对妇女的歧视很严重，妇女很少受教育，往往被认为柔弱和无知。“今天下皆妇人矣”，这是一句极沉痛的话。天下皆妇人，其实天下男人还不如妇人。像花蕊夫人在《述亡国诗》中，就表达了不甘为亡国奴的悲愤之情，比“十四万人齐解甲”的男儿更有爱国之心。疆土是我们生长的地方，子孙延续的所在，一旦失去，就如无根的浮萍一般，处处容身，却无处可以安身。“商女不知亡国恨，隔江犹唱后庭花”。“不知亡国恨”的商女还情有可原，而朝廷中的文武官员，他们身负天下兴亡的重任，怎么能够终日醉生梦死！为了不致重蹈覆辙，严厉的文字是必要的，因为它能刺激人们的心灵使其常保清醒而不致睡去。书生的贡献虽然并不仅止于此，但这却是他表达一片赤忱最直接而有力的方式。

牛马与猪狗

人不通古今[1]，襟裾马牛[2]；士不晓廉耻，衣冠狗彘[3]。

【注释】

①通：通晓、通达。

②襟裾：泛指衣服。襟，衣襟。裾，衣袖。

③狗彘：狗和猪。

【译文】

不知古通今的人，就如同穿着衣服的牛马一般；不明白廉耻的读书人，就像穿衣戴帽的猪狗一样。

【赏析】

《孟子》云："杨氏为我，是无君也；墨氏兼爱，是无父也；无父无君，是禽兽也。"孟子这里说了骂人的话，可见态度很严厉。中国自古以来，很重视做人的道理，先圣先贤留下来的格言，都在教导我们如何做人，才不致失了人的正道。所谓通达古今的道理，无非是指做人的道理而言。如果这些道理都不明白，那么与牛马又有什么分别呢？做人的道理，并不是一定要轰轰烈烈有所作为，至少要有基本的良知，不违背做人的本意。我国古代的伦理道德提倡"孝悌忠信，礼义廉耻"，这虽然是封建社会的道德观，但至今仍然有一定的积极意义，它强调了做人的基本准则。如果人们不知廉耻，为非作歹，那就是穿衣戴帽的牛马猪狗了。

自傲与亲附

苍蝇附骥[1]，捷则捷矣[2]，难辞处后之羞[3]；茑萝依松[4]，高则高矣，未免仰攀之耻[5]。所以君子宁以风霜自挟[6]，勿为鱼鸟亲人[7]。

【注释】

①苍蝇附骥：出自汉光武帝刘秀《与隗嚣书》："苍蝇之飞，不过数步；若附骥尾，可至千里。"附，依附。骥，千里马。

②捷：快。

③辞：推脱，不接受。

④茑萝依松：出自《诗经》："茑与女萝，施于松柏。"茑萝，草本植物，没有枝干，常攀附于高树之上。

⑤仰攀：攀爬依附。

⑥挟：持。

⑦鱼鸟：指缸中的鱼，笼中的鸟。

【译文】

苍蝇依附于千里马之尾，速度固然很快，但却去不掉黏在马屁股上的羞愧。茑萝缠绕着挺拔的松树，固然可以爬得很高，但也免不了攀附依赖的耻辱。所以，君子宁愿以风霜傲骨自我勉励，也不要像缸中鱼、笼中鸟那样亲附他人。

【赏析】

晋代葛洪《神仙传》有个“一人得道，鸡犬升天”的故事，刘安得道升天时，将剩下的仙药撒在庭院里的地上，刘安家的鸡和狗吃了后，也都升了天。这个故事讽刺一个人得了势，连自己的亲戚朋友也都跟着飞黄腾达起来。其实，在我国古代这种人身依附的盘根错节的关系，屡见不鲜。就像苍蝇依附于千里马之尾，茑萝攀附依赖挺拔的松树。君子立身处世，不在地位的高低，不在富贵荣华，而在自立与否。即使身处风霜之中，也不可成为缸鱼笼鸟，避于人下，因为那已完全失去作为一个人的真性情。趋炎附势，笑脸迎人，莫要说真性情，连最基本的一点人格也化为逐臭和低贱的奴性了。

公卿与乞丐

平民种德施惠[①]，是无位之公卿[②]；仕夫贪财好货[③]，乃有爵之乞丐[④]。

【注释】

①种德施惠：广积德行，广布恩惠。

②无位之公卿：没有官位的高级官员。公卿，原指三公九卿，这里指朝廷中的高级官员。

③仕夫：做官的人。货：贿赂。

④爵：爵位，官衔。

【译文】

能够积德行善的平民百姓，实际上是没有官位的高官；那些贪图贿赂的在朝官吏，无非是身居高位的乞丐。

【赏析】

人活在世上，所处的贵贱贫富各不相同。但人性的高贵并不在于地位的高低，生命的价值也不在官位的有无。有人身居高位，而行可耻之事，无非是身居高位的乞丐。他们在声色和欲望的追逐中往往不能满足，像夸父追日一样愈追愈渴，所以富人之心常如乞丐。其实，有些人连乞丐都不如，并永远遭到人们的唾弃。比如西湖边有座岳飞坟，坟前跪着四个铁铸的人像，其中有两个就是当年出卖祖国、害死岳飞的秦桧夫妇。但是,有很多的平民百姓,他们没有显赫的地位,也没有富足的金钱,却乐于助人,积德行善,他们实际上是没有官位的高官。他们像那些高官一样,拥有令人尊敬的地位。

失足与回头

一失足为千古恨[1]，再回头是百年人[2]。

【注释】

①一失足：一招不慎犯下错误。千古恨：永久的悔恨。

②百年人：年事已高的人。

【译文】

一时不慎而犯下错误，会造成终生的遗憾；等到发觉而后悔时，已是事过年衰无可挽回了。

【赏析】

人生一世，总是会犯这样那样的错误，但要如孔子所说，“不二过”，就是说不要犯重复的错误。人在幼小的时候，犯了错误可以在师长的教导下改正错误，但一到成年，有些错误犯了就很难改正和挽救，会造成终生的遗憾，可谓“一失足成千古恨”。有时我们因为自信，因为固执，大胆地往前走，等到发现错误想要挽回，却已发白体衰，生命已不再给机会了。生命虽短，歧路却多，失足不仅带来肉体的疼痛，还会带来心灵上的悲伤。因此，我们要在前进的道路上把握好自己，尽量避免失足造成难以挽回的悲剧。当然，浪子回头金不换，一旦失足，一定要改过自新，以免悲剧重演。

日月与风雷

圣贤不白之衷[1]，托之日月[2]；天地不平之气[3]，托之风雷。

【注释】

①圣贤：圣达贤明之士。不白之衷：不能公开发表的心迹、思想。在思想禁锢甚严的封建社会，不能公开表达自己的思想的事情并不稀奇。

②托：托付。

③不平之气：因遭遇不公正待遇而产生的怨愤之气。

【译文】

圣人贤士所不能公开发表的思想，托付日月来表达；天地因不平而生的怒气，借助风雷来表现。

【赏析】

李白云："夫天地者，万物之逆旅；光阴者，百代之过客。"日月亘古不变，总给人间带来光明。古往今来的圣贤也是如此，他们要人们放弃黑暗、迎来光明。在思想禁锢很严的封建社会，人们往往不能公开表达自己的思想，他们就托付日月来表达。圣人贤士的心就像昭昭日月，永远为天下大众的幸福着想。人间有不平之事，天地有不平之气。不平之气借助风雷来表现：如路见不平，拔刀相助；生灵涂炭，志士起义。人世间经历狂风骤雨的洗涤，天地间便变得清爽明净。日月有言，天地有情，如果统治者违逆天地的意志，聚集了不平气，那必定会有风雷激荡。

情谊与铜臭

亲兄弟折箸[①]，璧合翻作瓜分[②]；士大夫爱钱[③]，书香化为铜臭。

【注释】

①折箸：折断筷子，比喻兄弟不团结。箸，筷子。

②璧合：像美玉结合在一起。比喻美好的事物聚集在一起。翻作：反作。

③士大夫：古代知识分子的通称，亦指官僚阶层。

【译文】

亲兄弟之间如果不团结，就好比将一块完整的美玉打碎；读书人如果爱慕钱财，就会使书香变为铜臭。

【赏析】

人们常以手足来比喻兄弟之情，俗话说：打架亲兄弟，上阵父子兵。即使兄弟在一个屋檐下发生争执，但对外却共御其侮。所以说兄弟团结在一起，就像一块美玉那般美好。兄弟之间如果不团结，就好比将一块完整的美玉打碎。兄弟之间不仅有友情，更有亲情，本应该是圆圆满满的，但兄弟之间为了追逐利益，也有不少尔虞我诈甚至骨肉相残的，这实在令人伤感。曹植的七步诗云："煮豆燃豆萁，豆在釜中泣。本是同根生，相煎何太急。"这首诗就反映了兄弟反目，同室操戈的事实。读书人当以明理为务，才能一展胸中的理想和抱负，如果过于爱财，忘记书中的金玉良言，书香就会变成铜臭。腹有诗书气自华，离开了诗书，追逐声色名利，怎么不会臭不可闻呢？

名利与樊笼

心为形役[①]，尘世马牛[②]；身被名牵[③]，樊笼鸡鹜[④]。

【注释】

①形：有形的物质或物质利益。役：奴役，驱使。

②尘世：人世。

③牵：束缚，牵累。

④樊笼：鸟笼子。鹜：鸭子。

【译文】

如果心灵成为被外物所驱使的奴隶，这种人就如同活在人间的牛马一样；倘若身心被名声所牵累，这种人就如同关在笼中的鸡鸭一样。

【赏析】

陶渊明《归去来兮辞》云："既自以心为形役，奚惆怅而独悲？悟已往之不谏，知来者犹可追。”陶渊明《归园田居》云：“久在樊笼里，复得返自然。”陶渊明辞官归来，表达了长久地困在笼子里面，现在总算又能够返回到大自然的喜悦心情。人是有思想的动物，心灵是肉体的主宰，人如果为了衣食而奔波，心灵成为被外物所驱使的奴隶，这种人不是就如同活在人间的牛马一样吗？人们活在世上追求名利，这原本无可厚非。但人如果为了虚荣过分地追求名利，身心都被名声所牵累，这种人就如同关在笼中的鸡鸭一样。真正有智慧的人要逃避名声，视功名利禄如浮云，以免为名声所累。

余恩与余智

待人而留有余[1]不尽之恩，可以维系无厌之人心[2]；御事而留有余[3]不尽之智，可以提防不测之事变[4]。

【注释】

①余：余地。

②不尽之恩：留有余地、没有一次施完的恩惠。无厌：永不满足。厌，通“餍”，饱，满足。

③御事：原指官员处理任内事务。这里泛指所有人的为人处事。

④不测：不可预料。

【译文】

对待他人要留有余地，恩惠有所保留才可以维系永不满足的人心；处理事情要留有余地，智慧有所保留才可以预防无法预测的变故。

【赏析】

人生在世，为人处事要掌握一定的技巧，这样才能处理好人际关系。人们在与他人的交往中，要留有一定的余地，所谓“害人之心不可有，防人之心不可无”。对人施加恩惠，也要留有余地。对于君子而言，恩惠并不是最重要的，即使没有给他全部恩惠他也会乐于交往。对于小人而言，恩惠是最重要的，即使给他全部恩惠，他对利益的追求没有止境，因此还是很难以心相交。当你再也无法给他利益时，他就难以与你交往，甚至反目成仇。人们在处理事情时，也要留有余地，预防无法预测的变故。所以在战场上大获全胜时，有时反而要网开一面，穷寇莫追，就是为了防止狗急跳墙，再生变故。

担当与摆脱

宇宙内事，要担当①，又要善摆脱，不担当，则无经世之事业②；不摆脱，则无出世之襟期③。

【注释】

①担当：承担。

②经世：治理世事。出世：超脱世俗。

③襟期：胸襟，胸怀。

【译文】

对于天地万事，既要勇于担当重任，又要善于解脱羁绊。不能担当重任，就不能成就造福人类的事业；如果不善于解脱羁绊，就不会具有超脱世俗的胸怀。

【赏析】

我国古代读书人一般有两种处世方法，一是入世，如李白“仰天大笑出门去，我辈岂是蓬蒿人”；一是出世，还是如李白“功名富贵若长在，汉水亦应西北流”。人既然生活在世上，应该要有所作为，就像顾炎武所说的“天下兴亡，匹夫有责”。也就是说对于天地万事，要勇于担当重任，造福人类。鲁迅先生说：“我们从古以来，就有埋头苦干的人，有拼命硬干的人，有为民请命的人，有舍身求法的人……虽是等于为帝王将相作家谱的所谓‘正史’，也往往掩不住他们的光耀，这就是中国的脊梁。”但是，生活的道路并不平坦，像李白纵有满腹才华和报国抱负，但并没有得到报效国家的机会，这时就要有善于解脱羁绊的良好心态。李白寄情山水，留下绚烂多彩的美丽诗篇，也是“经世之事业”。如果一个人过于在意担当，也是一种执着，往往被名利所牵累，就不会具有超脱世俗的胸怀。

识假与藏拙

任他极有见识①，看得假认不得真②；随你极有聪明③，卖得巧藏不得拙④。

【注释】

①任：任凭。

②认：认识，识别。

③聪明：原指耳朵灵敏，眼睛明亮。这里指有智慧。

④拙：笨拙。

【译文】

哪怕他非常有见识，但仍然只看得到假象而辨不清真相。不管你有多么聪明，但仍然只知道卖弄机巧却藏不住笨拙。

【赏析】

"假作真时真亦假，无为有处有还无。"这应该是中国古典名著《红楼梦》中最有名的对联了。世界上的一切真真假假，有有无无被这十四个简单的字就说清楚了。在人的生命中，其中的真真假假就算你有再多的学识，也未必能看得清。因为这是智慧的问题，而非知识的问题。许多有知识的人，克服不了自己的妄想和欲望，徒然追求名利，始终悟不透真假。也正因为如此，许多聪明的人只知道卖弄机巧，却不知道装愚守拙，其笨拙也就暴露无遗。庄子说："桂可食，故伐之。漆可用，故割之。人皆知有用之用，却不知无用之用也。”所以说，许多看来愚拙的人，却活得比自认为聪明的人有智慧，他们才真正明了真真假假、有有无无的哲理。

躬耕与吟诗

种两顷附郭田[①]，量晴较雨[②]；寻几个知心朋友，弄月嘲风[③]。

【注释】

①附郭田：在城郊的田地。郭，外城，在城外加筑的一道城墙。

②量晴较雨：依循晴、雨和节气的变化。

③弄月嘲风：玩赏明月清风。也可理解为吟诗作文。

【译文】

在城郊耕种几块田地，预测着晴雨和气候的变化；交几个知心朋友，共同欣赏明月作赋唱歌。

【赏析】

人活在世上应该有所作为，但如果没有经邦治国的才华，或者没有报效祖国的机会，那么过一种逍遥自在、恬淡闲适的生活，也不失为积极乐观的人生态度。躬耕垄亩，“采菊东篱下，悠然见南山”，既衣食无忧，又有亲近自然的情趣。在耕作之余，邀几个知心的朋友共同赏月吟诗，更得人生之趣。“奇文共欣赏，疑义相与析”，知交好友一同欣赏几篇美妙的文章，这是一件多么惬意的事啊。这种逍遥自在、恬淡闲适的生活，是一种轻松，而不是一种执着，因此充满了生活的趣味。趣味往往建立在距离上，如果利害心少了，距离便不那么紧迫，就可以用一种艺术的态度去生活，因而趣味盎然。

得仙与得道

放得俗人心下[①]，方名为丈夫[②]；放得丈夫心下，方名为仙佛[③]；放得仙佛心下，方名为得道[④]。

【注释】

①俗人心：世俗之人追逐名利的心思。

②方名：才称得上。丈夫：即大丈夫。指有志气有作为的男子。

③仙佛：神仙和修行圆满的人。

④道：人生的真谛。

【译文】

能放下世俗之心的人，才算得上是大丈夫；能放下大丈夫之心的人，才算得上已成仙成佛；能放下成仙成佛之心的人，才算得到了人生的真谛。

【赏析】

人生虽然短暂，但所受的羁绊却是很多，就感情而言，如李清照词云:“此情无计可消除,才下眉头,却上心头。”感情尚且如此,名利之心就更甚,又哪里那么容易拿得起放得下呢?所谓“放下”,就是指将世俗之心放下。世俗之心放不下,就会与人争名夺利,得到便骄傲,失去便气馁,富贵则改节,潦倒则失志,这就称不上是大丈夫。大丈夫所以能成就大事业,就是因为他们得到了人生的真谛,能够拿得起放得下。所谓得道,就是彻底了解了人生的真相。无论居庙堂之高,还是处江湖之远,都能以一颗平常心来对待,这样就不会受到太多的羁绊,生活坦坦荡荡。

执拗与圆融

执拗者福轻①，而圆融之人其禄必厚②；操切者寿夭③，而宽厚之士其年必长。故君子不言命④，养性即所以立命⑤；亦不言天，尽人自可以回天⑥。

【注释】

①执拗者：固执己见的人。福轻：福分浅薄。

②圆融：性情随和，处事圆滑通融。

③操切者：处事急躁的人。寿夭：寿命短暂。

④君子：指有较高道德修养的人。

⑤养性：修养性情。

⑥尽人：尽力而为，充分发挥人的主观能动性。

【译文】

性情固执的人福分浅薄，而性情随和的人福禄一定丰厚。做事急躁的人寿命短促，而性情宽厚的人寿命一定长久。所以，君子不必谈论命运，修心养性可以战胜命运的捉弄；也不必论说天意，尽量发挥人的主观能动性自然可以挽回天意。

【赏析】

古人说："峣峣者易折，皎皎者易污。"这就是说，高高耸立的容易被折断，纯净洁白的容易被污染。一个人的福分禄命，往往取决于他的性情。如果一个人性情执拗，只要稍有违逆之事，他便雷霆大怒，如何能常保精神的愉快呢？反之，如果一个人精神愉悦，心态平和，他就会福禄丰厚。同样地，凡事如果能退一步着想，乐于接受他人的建议，做事就会愉快顺利得多。如果一个人一天到晚做事急躁，忧心忡忡，又怎么可能长寿呢？通达生命之道的君子，他们不会谈论命运，因为他们明白培养美好的心性，便能拥有美好的生命。他们也不去揣测天意，因为天意是由人做的事是否正确、是否尽全力来决定的。

达人与俗子

达人撒手悬崖①，俗子沉身苦海②。

【注释】

①达人：通达世务人情的人。撒手：放手，放弃。

②俗子：即凡夫俗子。指平庸世俗之人。

【译文】

通晓人生真谛的人，能够在极其危险的境地放手离去；凡夫俗子，则沉没在世间种种苦恼中难以自拔。

【赏析】

通晓人生真谛的人，在他们看来，生命如此短暂，不论成功或失败，百年后尽成云烟，只要掌握住内心，不使自己坠入痛苦的深渊，那么，走在生命中的任何阶段，都能如履平地，安然度过。哪怕就是站在悬崖边上，也能坦然脱身。但是，对于凡夫俗子而言，他们心中总是计较名利得失，就像掉入无边无际的苦海中难以自拔。其实，只要能正确地看待人生，哪里都是平地；如果总是计较名利得失，哪里又不是悬崖与苦海呢？当然，认识到生命的短暂，是为了更达观地生活，而并不是消极无为，随波逐流。

浮名与幻景

身世浮名余以梦蝶视之[1]，断不受肉眼相看[2]。

【注释】

①身世：人身在世所经历的一切。梦蝶：语出庄周梦蝶的故事。《庄子·齐物论》："昔者庄周梦为蝴蝶，栩栩然蝴蝶也。自喻适志与！不知周也。俄然觉，则蘧蘧然周也。不知周之梦为蝴蝶与？与蝴蝶梦为周与？周与蝴蝶则必有分矣，此之谓物化。"后因以"梦蝶"表示人生变幻莫测。

②断：断然，绝对。

【译文】

人世间的虚浮声名，要以庄周梦蝶的心态去看待，决不用世俗的眼光去看待。

【赏析】

在庄周梦蝶的故事中，庄周梦见自己变成蝴蝶，醒来后不知是庄周梦中化为蝴蝶呢，还是蝴蝶做梦化为庄周？这则寓言常被人用来说明生命的非真实性，因为庄子既然可以梦见自己成为蝴蝶，而且感受又如此真实，那么又如何知道我们这一生，不是另一个更真实的自己所做的梦呢？梦总会醒，即使梦中的一切再真实，却是虚无的。既然美梦终有一醒，那么还不如摇身一变化为蝴蝶，而最典型的例子就是梁祝化蝶的故事。梁山伯与祝英台这一对同窗共读、情投意合的情侣，生前不能结为连理，只好死后化为蝴蝶相伴，以比翼双飞的蝴蝶来实现生前的美好愿望。因此，对于人世间的虚浮声名，我们用庄周梦蝶的心态去看待，才不会为声名所牵累。

真心与妙用

士人有百折不回之真心[①]，才有万变不穷之妙用[②]。

【注释】

①百折不回：无论受多少挫折都不退缩，形容意志坚强。

②妙用：巧妙的办法。

【译文】

男子汉若有百折不挠的坚贞心志，就会有应付万变用之不尽的巧妙办法。

【赏析】

东汉的桥玄一生正直刚毅，蔡邕称赞他“有百折而不挠，临大节而不可夺之风”。古往今来，能够成就一番大事业的人，都有百折而不挠的雄心壮志。如果凡事只做了一下，遇到困难便畏难而不思克服，索性放弃，必定一事无成。任何事情在处理过程中，必定有它的困难处，等困难一一克服了，就是平坦大道。比如红军在二万五千里长征中，处处都有难以克服的困难，但英勇的共产党人硬是百折不回，渡赤水，爬雪山，过草地，胜利到达陕北，完成了战略转移的任务。有百折不回的真心，才有万变不穷的妙用。这妙用难道凭空便可随手拈来吗？妙用是将困难都克服以后，才显现出来的啊！

立业与修德

立业建功，事事要从实地着脚[①]；若少慕声闻[②]，便成伪果[③]。讲道修德，念念要从处处立基[④]；若稍计功效，便落尘情[⑤]。

【注释】

①实地着脚：即脚踏实地。

②少慕声闻：稍一爱慕名声。少，稍，略微。声闻，声名。

③伪果：虚假不实的成果。

④念念：每一个念头。

⑤尘情：世俗的情怀。

【译文】

建造功名创立事业，必须每件事都要脚踏实地埋头苦干；如果稍有追慕声名的念头，便会使成果变得虚假不实。探究道理，修养品德，每个念头都必须从每一安身立命之处着力；如果稍有计较功效的念头，便会落入世俗的尘垢。

【赏析】

南朝宋振武将军宗慤，年轻的时候他的哥哥问他的志向，宗慤回答说："愿乘长风破万里浪。"一个人活在世上，应该建功立业，有所作为，但醉心名誉的人，即使建功立业，也是为了自己，这样就会使建立功业的成果变得虚假不实。比如现在有些官员，他们希望在自己的任上做出一番轰轰烈烈的事业，但他们的动机却是取悦上级成就名声，往往就会做出一些劳民伤财的事。至于讲道德，最重要的是为了修养自己的德性，不是为了他人的眼光，也不是为了能得到什么好处。在道德上真正有所得的人，根本不计较他人对自己的看法。计较他人的看法，便是落在世俗尘垢之念上了，道德也就失去了。

兢业与潇洒

学者有假兢业的心思[1]，又要有假潇洒的趣味[2]。

【注释】

①假：借助，凭借。兢业：做事谨慎勤恳的样子。

②潇洒：行为举止风流倜傥的样子。

【译文】

搞学问的人探究学术问题时，既要有勤勤恳恳的精神，又要有潇潇洒洒的情趣。

【赏析】

做好学问不是一件容易的事，“板凳要坐十年冷，文章不写一句空”。做好学问，也如对待人生的态度，既要提得起又要放得下。我们在做学问时，如果没有兢兢业业的态度，勤勤恳恳的精神，是很难有所作为的。但如果我们的兢兢业业一旦达到苛刻的程度，那也会适得其反。比如我们在学问上过于执着，过于看重做学问的结果，就会为学问所牵累，往往不堪重负。因此，我们在兢兢业业地做学问的同时，也要有潇潇洒洒的生活情趣。人的生命只有在敬业与潇洒中才呈现出最佳的状态。求学的人应该既有认真对待学业的精神，又有不拘泥迂腐的人生态度，那就会得到做学问的真谛。

无事与有事

无事如有事，时提防，可以弭意外之变[1]；
有事如无事，时镇定，可以销局中之危[2]。

【注释】

①弭：停止，消除。意外之变：意料之外的变故。

②局中之危：处于事故发展之中的危机。

【译文】

在平安无事时，也要保持有事时的谨慎心情，随时加以提防，可以消除意外发生的变故。在事故发生时，要保持没事时的轻松心情，随时保持镇定，可以消除事故发展中可能出现的危险。

【赏析】

孟子云："生于忧患，死于安乐。"人在安定之中，往往不能看到危急之时，放松了对事情的警惕，直到出现意外之变，才悔之晚矣。因此，即使平安无事的时候，我们也要保持有事时的谨慎心情，随时加以提防，"防患于未然"。而人处在危急之时，心思又往往被眼前的危机所震慑，不能定下心来解决问题，使事情一发而不可收拾。因此，在事故发生之后，我们要保持没事时的轻松心情，随时保持镇定，尽力消除事故发展中可能出现的危险，所谓"既来之，则安之"。人的眼光应常常看到事情的相反面，才能考虑较为周全，前人的告诫，值得我们深思。

穷通与老疾

穷通之境未遭[①]，主持之局已定[②]，老病之势未催[③]，生死之关先破[④]。求之今人，谁堪语此[⑤]？

【注释】

①穷通：贫穷和显达。未遭：未曾遭遇。

②主持之局：人生发展的大致方向。

③未催：没有受到催促。

④生死之关：对生存与死亡的认识。

⑤堪：可以，能够。

【译文】

在还未遭受贫穷或显达的境遇之前，自己的人生方向就已明确；在还未受到年老或疾病的折磨之前，自己的生死大关就已看破。寻遍今天的人们，我能和谁谈论这些道理呢？

【赏析】

一个人在还未遭受贫穷或显达的境遇之前，就已经看透生命的真相，这是明了人生真谛的人。他们往往能正确地对待人生，不论顺境逆境，都能应付自如。但芸芸众生，大多是在经过种种波折之后，才对自己生活的方式有某种体悟。然而，到了这种体悟的时候，已是青春不再，而错误早已铸成。一个人在还未受到年老或疾病的折磨之前，对自己的生死大关就已看破，这是通达的人。他们不会因为生死而苦恼，也不会因为境遇的变化而不堪重负。李白诗云："后人得之传此，仲尼亡兮谁为出涕？"孔子已经死了，又有谁为大鹏的夭折而流泪呢？作者看到世人追逐名利，感叹："求之今人，谁堪语此？"

落叶与笼鸟

枝头秋叶，将落犹然恋树①；檐前野鸟，除死方得离笼②。人之处世③，可怜如此。

【注释】

①犹然：仍然。

②除死：除非死去。

③处世：处身人世。

【译文】

秋天树上的黄叶，即使将要落下，也依然对枝头恋恋不舍；挂在屋檐下的野鸟，除非死去，否则不能离开牢笼。人生一世，其可怜之处与这秋叶野鸟没有区别。

【赏析】

秋风萧瑟天气凉的时候，树上的黄叶即将要落下，也依然对枝头恋恋不舍。黄叶在秋风中颤抖摇曳，令人感到可怜。再看那挂在屋檐下的笼中之鸟，除非老死，一生也离不开牢笼半步，也让人感到可怜。其实，反观大多数人的生命，又何尝不是如此呢？树犹如此，人何以堪！名利就像牢笼，时刻缠绕着我们，我们又有几人能看得破呢？我们在追逐名利的时候，有如那笼中的野鸟，不过在小小的圈子里旋转而已。而当我们终老的时候，又留恋这短暂的人生，有如留恋枝头的落叶，明知非要落地不可还恋恋不舍。这样看来，人生一世与秋叶野鸟不是一样可怜吗？

刚柔与偏圆

舌存，常见齿亡；刚强，终不胜柔弱。户朽[1]，未闻枢蠹[2]；偏执，岂及乎圆融[3]？

【注释】

①户朽：门已经腐朽。户，单扇门。一扇为户，两扇为门。泛指门。

②枢蠹：门轴被蠹虫蛀坏。枢，门轴。

③偏执：看法偏激，性格固执。圆融：为人随和，处事圆滑通融。

【译文】

舌头还在的时候，往往牙齿都已掉光，可见刚强终于胜不过柔弱。当门户已经朽败的时候，门轴却不曾为蠹虫所蛀蚀，可见偏执终究比不上圆融。

【赏析】

老子云："人之生也柔弱，其死也坚强。草木之生也柔弱，其死也枯槁。故坚强者死之徒，柔弱者生之徒。”他的意思是说人活着的时候身体是柔软的，死了以后身体就变得僵硬了；草木生长时是柔软脆弱的，死了以后就变得干硬枯萎；所以坚硬的东西是属于死亡一类的，柔软的东西属于生长的一类。正因为这个道理，牙齿极坚硬，却很容易毁损；舌头虽柔软，却可以长久存在。门户坚硬，却很容易破败；门轴圆融，却不曾为蠹虫所蛀蚀。所以说，柔软与圆融也是一种很好的处世方式，可以让我们更好地做人与做事。当然，强调柔软与圆融，并不是要我们处事圆滑，那样就失去了做人的准则。

妙文与辞章

声应气求之夫[1]，决不在于寻行数墨之士[2]；风行水上之文[3]，决不在于一句一字之奇。

【注释】

①声应气求：指好友之间心意相投。

②寻行数墨：指专在文句上下功夫。朱熹《易》诗之一："须知三绝韦编者，不是寻行数墨人。"

③风行水上之文：自然晓畅的好文章。

【译文】

心意相投的好友，不必经由文字才能互相了解；自然天成的文章，不在于一字一句的奇特。

【赏析】

真正的朋友心意相通，他们的交往不必经由文字传情达意，因为文字所能表达的非常有限，所谓"言有尽而意无穷"，一切尽在不言之中。"常恨言语浅，不如人意深。今朝两相视，脉脉万重心"，就是心意相通、不求诸文字的真实写照。以"风行水上"来形容文章，是指文章出乎自然，所谓"文章本天成，妙手偶得之"。如果刻意推敲一字一句之奇，所为的文章必有忸怩造作之态，终不能成风行水上之文。我国古代有不少苦吟诗人，如"两句三年得，一吟双泪流"，"吟安一个字，拈断数茎须”。这样费心费力所作的诗句，大多有些苦涩之味，但也不失为对生活的真实反映。如果刻意追求一字一句的奇特，那就少了一份自然真诚了。

摄躁与融偏

才智英敏者[①]，宜以学问摄其躁[②]；气节激昂者[③]，当以德性融其偏[④]。

【注释】

①英敏：非常敏捷。英，杰出，出众。

②摄其躁：使其浮躁之气得以收敛。

③激昂：激烈昂扬。

④融其偏：使其偏执之性得以融通。

【译文】

才能和智慧敏锐杰出的人，适合通过加强学问研究来抑制浮躁之气；志气和节操慷慨激昂的人，应当通过加强道德修养来融和个性偏执的地方。

【赏析】

才能和智慧敏锐杰出的人，由于天资聪颖，做事顺遂，往往养成浮躁之气。但是，“满招损，谦受益”，才能杰出的人养成浮躁之气后，对事情可能不爱多加考虑，结果导致失败。如果他们肯努力在学问上脚踏实地，而不是那么急切的话，一定会取得更大的成就。因此，对才能杰出的人，适合通过加强学问研究来抑制浮躁之气。志节激昂的人嫉恶如仇，他们对社会的看法往往过于偏激。他们的偏激又影响了他们对事物的正确判断，从而对他们成就一番事业造成影响。因此，对志节激昂的人，应当通过加强道德修养来融和个性偏执的地方。只有刚柔相济，才能正确地对待事物，取得圆满的结果。

居官与野处

居轩冕之中[1]，要有山林的气味[2]；处林泉之下[3]，常怀廊庙的经纶[4]。

【注释】

①轩冕：卿大夫的车服，比喻官位爵禄。

②山林的气味：山间林下天地的清气。比喻隐士的意趣。

③林泉：山林、清泉。

④廊庙：朝廷。经纶：理出丝绪为经，编丝成绳为纶。比喻筹划国家大事。

【译文】

身为达官显贵，要保持山间隐士那种清高脱俗的情趣。身为山野隐士，应常抱有安邦治世的志向。

【赏析】

范仲淹《岳阳楼记》云："不以物喜，不以己悲。居庙堂之高则忧其民，处江湖之远则忧其君。"居庙堂之高，是指身为高官，其职责应该忧其民，但他们在胸臆中也应该保持山间隐士那种清高脱俗的情趣。富贵荣华容易使人迷失本性，如果高官的名利之心太重，就很可能假公济私，贪赃枉法，危害国家和人民的利益。处江湖之远，是指身为山野隐士，也应该抱有安邦治世的志向。如果他们一味追求山林的气味，只能独善其身，而无法兼济天下，这不是一个士人应该具有的精神。无论进或退，仕或隐，都应保持一颗平常心，安然地对待人生。如诸葛亮，隐居山野时有济世的志向，身居高位时有山林的气味，实为古今士人的楷模。

少言与多述

少言语以当贵，多著述以当富[1]，载清名以当车[2]，咀英华以当肉[3]。

【注释】

①著述：著书立说。

②载：乘载。清名：清雅的名声。

③咀英华：品读好文章。咀，咀嚼，回味。

【译文】

把少言寡语当做可贵，把著书立说之多当做富有；把拥有纯洁的名声当做乘车一样的美事，把品读好的文章当做吃肉。

【赏析】

富贵是人们追求的东西，什么是富贵呢？不同的世界观对此有不同的认识。有人认为，家庭富足，地位显赫，这就是富贵。有人认为，少言寡语，著书立说，就是富贵。言语用来表情达意，如果喋喋不休，就会一文不值。反之，如果是经过心灵的酝酿，生活的体验和学问的熔铸，将所要讲的话化为文字而著书立说，那么，将是字字珠玑，启人心灵。这难道不是精神上的富翁吗？有清名的人即使布衣草鞋，也能受人尊敬，他们的清名就像乘坐最名贵的马车一样。品读优美的文章，使人在精神上得到愉悦，就像在生活中吃到美味佳肴一样。因此，一个人要追求精神上的富足，这样才是真正高贵的生活。

刚肠与苦志

要做男子，须负刚肠[①]；欲学古人，当坚苦志[②]。

【注释】

①刚肠：刚直不阿的心志。

②坚苦志：坚定吃苦耐劳的志向。

【译文】

要做个真正的男子汉，必须有一副刚直不阿的心肠；想要学习古代圣贤，应当坚定吃苦耐劳的志向。

【赏析】

“了却君王天下事，赢得生前身后名”，宋代辛弃疾的这一句话说出了古往今来身负社稷重任者的人生夙愿。但要实现报效国家的人生理想，总难以一帆风顺，这就需要有富贵不能淫，威武不能屈的心志。在身处逆境时，更要有“宁为玉碎，不为瓦全”的精神，像太平天国的陈玉成就义前大义凛然地说：“大丈夫死则死耳，何饶舌也？”所以说，要做男子，须负刚肠。孔子说：“古之学者为己，今之学者为人。”又说：“朝闻道，夕死可矣！”古代的圣贤，他们的志气和节操，以及生命的价值观，都是出自公心，因而是值得称许和效法的。想要学习古代圣贤，应当坚定吃苦耐劳的志向。只有如此，才会像古代圣贤一样吃苦耐劳，守得住寂寞。

清贫与美色

荷钱榆荚[①]，飞来都作青蚨[②]；柔玉温香[③]，观想可成白骨[④]。

【注释】

①荷钱：即荷叶。因荷叶初出水时叶形小，像铜钱，故称“荷钱”。榆荚：俗称“榆钱”，是榆树的果实，形状圆而小，像小铜钱。

②青蚨：昆虫名。干宝《搜神记》卷十三：“（南方有虫）名青蚨，形似蝉而稍大……生子必依草叶，大如蚕子。取其子，母即飞来，不以远近。虽潜取子，母必知处。以母血涂钱八十一文，以子血涂钱八十一文。每市物，或先用母钱，或先用子钱，皆复飞归，轮转无已。”后因称钱为“青蚨”。

③柔玉温香：指温柔香艳的美女。

④观想：遥想，放开思想想象。

【译文】

荷叶和榆荚，就是我囊中的金钱；柔美的女子，想来不过是白骨一堆。

【赏析】

人生活在世上，当然需要金钱来维持衣食住行，但如果一味追求金钱，那就会沦为金钱的奴隶。把荷叶和榆荚当做金钱，这就是把大自然当做自己的财富，其意义在于热爱大自然，表达了对金钱财富的一种达观态度。“清风明月本无价，远山近水皆有情”，在美丽的大自然面前，金钱又算得了什么呢？倾国倾城的美女令人如痴如醉，但时过境迁，一切都会成为过往云烟，美女也会变成累累白骨。我们明白这些道理，就能从无尽的烦恼中解脱出来。人生在世，有人汲汲于名利，有人痴迷于美色，就是看不透人生的真谛，反而得到无尽的烦恼。

清凉与自在

烦恼场空[1]，身住清凉世界[2]；营求念绝[3]，心归自在乾坤[4]。

【注释】

①烦恼场空：将充满烦恼的人世看破。

②清凉世界：指清静凉爽、无忧无虑的境界。

③营求：钻营求取功名利禄。

④乾坤：天地、境地。

【译文】

将烦恼的红尘看破了，此身便能安住在清静的世界里；将求谋的念头断绝了，此心便能回归到自由的天地里。

【赏析】

人世的一切烦恼从哪里来？来自于对声色名利的追逐。一旦没有得到我们所追求的东西，就像处在炙热的火堆里一样烦恼，一刻都不能得到安宁；而有一些厌世的人，因为极度厌恶这个世界，甚至走上自杀之路。事实上，若能了解一切烦恼的本质其实是空的，也就不会被这些烦恼所干扰了。能够明了一切皆空，所谓的清凉世界就在心中。我们的心本来是自在的，却因种种营求的念头，才把心束缚住了。追求金钱的，他的心就被金钱所束缚；渴望美人的，他的心就被美色所束缚。其实，内心若无非分之想，不论何时何地，我们都是自在的。如果一个人总是追求物质的享乐，他的内心永远都得不到自由。

清谈与作诗

斜阳树下，闲随老衲清谭[1]；深雪堂中，戏与骚人白战[2]。

【注释】

①老衲：老和尚。衲，缝补，缀合。因僧徒衣服常用许多块碎布缝缀而成，因此又称僧衣为“衲”，并成为僧人的代称或自称。清谭：即清谈。

②骚人：骚体诗人，指《离骚》的作者屈原等。这里泛指诗人、文人。白战：指作禁体诗。所谓禁体诗，就是诗家以诗会友，规定不准用某物或某字入诗。例如：宋代文学家欧阳修曾与诗客们一道赋雪诗，规定禁用梨、梅、鹅、鹤、练、絮等物。因作诗禁用某物，就如同不用武器而徒手作战。故为白战。

【译文】

夕阳西照时，闲适地与老和尚在树下谈论佛理；在下着大雪的日子里，高兴地与诗人文士们在厅堂中作诗取乐。

【赏析】

人生在世，总在忙忙碌碌地追求声色名利。那永无休止的追逐，在佛家看来，不过是微不足道的些许小事。夕阳西下，面对青山绿水，清闲潇洒的老和尚在树下谈论佛理，他们参透了人生的本来面目，一举一动都那么闲适随意。诗人是可喜的，他能了解生命的趣味性；诗人也是可悲的，因为他比一般人更能体会生命的悲剧性与无奈。屈原“长太息以掩涕兮，哀民生之多艰”，杜甫“致君尧舜上，再使风俗淳”。然而，在深雪堂中戏作禁体的诗人们，却像孩童一般快乐呢！因为他们所作的诗句，不过是一场人生的游戏，心情非常闲适愉快。清谈的和尚，作诗的文士，他们因为少了世俗的名利追逐，获得了心灵的自由，所以非常快乐。

士夫与道学

宁为真士夫[①]，不为假道学[②]；宁为兰摧玉折[③]，不作萧敷艾荣[④]。

【注释】

①士夫：即士大夫，知识分子的通称。也指官僚阶层。

②道学：指理学，即以周敦颐、程颢、程颐、朱熹为代表的以儒家为主体的思想体系。人们也戏称那些过分拘谨和迂腐的人为“道学先生”。

③兰摧玉折：以兰花美玉两种高洁而名贵的实物的摧折和粉碎来比喻冰清玉洁的贤才遭受挫折。

④萧敷艾荣：以萧艾这种臭草的繁荣生长来比喻不肖或品德不好的人得势。萧艾，萧蒿臭草。敷，遍布。

【译文】

宁肯做一个真正的读书人，而不做一个假装有道德学问的人。宁肯做被摧折的兰草、被粉碎的美玉，也不要做繁茂的贱草萧艾。

【赏析】

士大夫是我国古代社会的中坚力量，他们进可以安邦治国，退可以传道授业。因为如此，他们受到了社会的普遍尊敬。然而，有些人为了获得别人的尊敬，便伪装成有道德学问的样子。他们可能一时得逞而获得众人的信任，但不是真正拥有道德学问，很可能会误导众人，贻害社会。因此，我们宁要做一个真正的读书人，而不要做一个假装有道德学问的人。人活在世上，要品行高洁，这样才会有价值。如果一味追求个人的利益，品行败坏，那就像萧艾臭草一样，就算遍地皆是，也不过是让人更加讨厌而已。人生在世，究竟是要像兰草美玉，还是要像萧艾臭草？这只能看各人的取舍了。一个真正的读书人，他会作出正确的人生选择。

兴衰与荣枯

觑破兴衰究竟[1]，人我得失冰消[2]；阅尽寂寞繁华[3]，豪杰心肠灰冷[4]。

【注释】

①觑破：看破。究竟：最终的结果。

②人我：别人和我自己。冰消：像冰雪一样消融。

③阅尽：看尽。

④灰冷：如同灰烬一样冷却。形容人因遭受挫折和失败之后意志消沉，失去热情。

【译文】

看破了人世间兴衰成败的结局，就能使种种患得患失之心如冰块一般消融。看尽了人世间寂寞繁华的场面，便能使争当英雄豪杰的热情如灰一般冷却。

【赏析】

杜牧《阿房宫赋》云："秦人不暇自哀，而后人哀之；后人哀之而不鉴之，亦使后人而复哀后人也。"不认识古代兴亡成败的本来面目，结果往往重蹈覆辙，不能自拔。兴和衰相反相生，有兴也会有衰，有衰也会有兴。看破了人世间兴衰成败的结局，我们就不要那样患得患失。不论做什么事情，保持一颗平常心则可，这样心境就能保持愉快，"胜固欣然，败亦可喜"。人世间的繁华寂寞也是如此，就阿房宫而言，"长桥卧波，未云何龙？复道行空，不霁何虹？高低冥迷，不知西东"，是何等的繁华；"戍卒叫，函谷举，楚人一炬，可怜焦土"，又是何等的寂寞。其实，所有的繁华都将归于寂寞。我们以平实的态度来对待生命，才能得到心灵的安宁。

名山与好景

名山乏侣①，不解壁上芒鞋②；好景无诗，虚怀囊中锦字③。

【注释】

①乏侣：缺少与自己结伴游山玩水的朋友。

②芒鞋：草鞋。

③囊中锦字：形容妙诗美文。相传唐朝诗人李贺作诗有一个习惯，即每次骑马出游，都让书童背一个锦囊，每得到一句好诗便记下放入锦囊之中，等到傍晚回家，将囊中诗句略加整理即为诗篇。

【译文】

游览山水名胜，如果缺少知心伴侣同游，那就任草鞋挂在墙壁上不要出游；面对美好景色，却无好诗助兴，就算怀带锦囊妙文也是枉然。

【赏析】

近代学者王国维说："不知一切景语，皆情语也。景语中含蓄情感，情语中映衬着景物。"天下的风景名胜，如果没有人的观照，也就无以为美。游览山水名胜，如果缺少知心伴侣同游，无法进行情感的交流与共鸣，那就得不到更多的乐趣。欧阳修在《醉翁亭记》中写道，众人一起游览山水，"已而夕阳在山，人影散乱，太守归而宾客从也"，他感到有无限的情趣，"醉翁之意不在酒，在乎山水之间也"。对于美景，每个人的感受都不相同。诗人能借着生花妙笔，将内心的感觉表达出来，使异地异时的人读了，如亲身体验一般，令人心有戚戚焉。因此，对于诗人而言，面对美景而无诗，不免感到辜负了这片好山好水，而长叹“徒携锦囊”了。

无技与多技

是技皆可成名天下[1]，惟无技之人最苦[2]；片技即足自立天下[3]，惟多技之人最劳[4]。

【注释】

①是技皆可成名天下：这就是所谓的“三百六十行，行行出状元”。有任何一种专门技艺的人，都可以在世上建立功名。

②无技之人：没有掌握任何一门技艺的人。最苦：最痛苦。

③片技：一技之长。自立天下：凭自己的本领独自在世上立足。

④多技之人：多才多艺的人。最劳：最辛苦，最劳累。

【译文】

具有任何一种专门的技艺，都可在世上建立声名，而没有一技之长的人活得最痛苦。只要专精一门技艺，就完全可以在世上自食其力；而技艺太多的人反而活得最辛苦。

【赏析】

人活在世上，不应过于追逐名利，否则会陷入无尽的烦恼。但是，对名利的追求是社会发展的动力，完全反对追求名利，也不是唯物主义的态度。一个人的声名有大有小，如果要获得一定的名声，就要看他是否具有一技之长。比如明朝有个王叔远，他能够在一寸长的木头上，雕刻出宫殿、器具、人物、飞鸟等，惟妙惟肖。雕刻本是平常的技艺，但他能高明到那样的程度，也就能声名远播了。有的人追求有很多的技艺，但由于用心不专，结果往往一样也做不成功。掌握一技之长，这是人谋生的手段。如果一个人掌握的技艺很多，而且又比较精通的话，那就会非常劳苦了。一个人应有一技之长，掌握多种技艺也不是坏事，只不过世上所有的人都要找准自己的位置，做出应有的贡献。

才士与诤臣

着履登山[①]，翠微中独逢老衲[②]；乘桴浮海[③]，雪浪里群傍闲鸥[④]。才士不妨泛驾[⑤]，辕下驹吾弗愿也[⑥]；诤臣岂合模棱[⑦]，殿上虎君无尤焉[⑧]？

【注释】

①着：穿。履：草鞋。

②翠微：指山腰青翠幽深处。泛指青山。

③乘桴浮海：乘坐小船海上泛游。桴，小筏子。

④闲鸥：悠闲飞翔的海鸥。

⑤泛驾：泛舟驾车。

⑥辕下驹：车辕下拉车的小驹。辕，车前驾牲畜的直木。驹，两岁以下的小马，泛指幼马。

⑦诤臣：敢于直言进谏的臣子。岂合模棱：怎么应该说些模棱两可的话。合，应该，应当。

⑧尤：埋怨，责怪。

【译文】

穿着鞋子登山，在青翠的山色中独自遇见了老和尚；乘着木筏漂海，在雪白的浪花里有成群的海鸥为伴。有才能的人不妨泛舟驾车四处云游，做车下受人驭驶的马驹，实在不是我心所愿啊！作为一个直言敢谏的臣子，怎能说一些模棱两可的话呢？难道不会受到高坐殿堂的威严君主的责备吗？

【赏析】

登高望远，“会当凌绝顶，一览众山小”，人们才能领悟到：茫茫的大千世界，人是多么的渺小。在青翠的山色中独自遇见了老和尚，受到老和尚的指点，仿佛醍醐灌顶一般，明白终日追逐名利是多么的愚蠢啊！乘着木筏漂海，面对辽阔的大海，也让人感觉到自己的渺小。人世间的许多名利得失，也就不再那么值得计较了。孔子说：“道不行，乘桴浮于海。”就是说，如果自己的道路行不通的话，我就干脆乘着船生活在大海上。这说明漂游大海，与海鸥为伴，是一种非常惬意的生活。但是，许多人在朝廷为官，都局促得像辕下驹一般，无奈地说些模棱两可的话，以至于理想抱负不能伸展。因此，要么做一个云游四海的隐士，无拘无束；要么做一个直言敢谏的臣子，仗义执言。

狂夫与君子

吟诗劣于讲书[1]，骂座恶于足恭[2]。两而揆之[3]，宁为薄幸狂夫[4]，不作厚颜君子[5]。

【注释】

①劣：差。讲书：讲解书中的知识、道理。

②骂座：在座上当众责骂他人。足恭：过分恭敬。

③两而揆之：将两方面进行比较。揆，度量，比较。

④薄幸狂夫：轻薄放纵、违反常规的人。

⑤颜：颜面，脸皮。

【译文】

吟诗给人的教益比不上直接讲解书中的道理，座上对人破口大骂当然比过分恭敬要恶劣。然而，两相比较，宁愿做个轻薄的狂人，也不要做个厚脸皮的君子。

【赏析】

在我国古代，提倡讲解书中的知识，认为讲解圣书传播了先圣前贤的教义；而反对吟诗作赋，认为吟诗作赋只注重个人的情感，不应是君子所为的。但是，并不是每个人都能把道理讲得透彻，有些人附庸风雅，往往误人子弟，还不如吟诗作赋那样自由自在。在座上对人破口大骂，比起毕恭毕敬，唯唯诺诺，当然要令人讨厌。但有些人的恭敬出自于个人的功利目的，投机取巧，反而不如骂座那样来得真诚。做一个谦恭有礼的君子，这当然是人们所喜爱的。但如果做一个厚脸皮的君子，厚颜无耻，唯利是图，那还不如做个轻薄的狂人，虽有违礼教，却真切实在。

无鬼与有鬼

魑魅满前[①]，笑著阮家无鬼论[②]；炎嚣阅世[③]，愁披刘氏《北风图》[④]。气夺山川[⑤]，色结烟霞[⑥]。

【注释】

①魑魅满前：比喻阴险恶毒的人和事很多。魑魅，传说中山林里能害人的怪物。

②阮家：指晋人阮瞻。阮瞻持无鬼论，且自认为没有人能辩驳过他。忽有一日，一位神秘客人去探访阮瞻，与他讨论鬼神之事。二人口才旗鼓相当，一时难决胜负。情急之中，来客改变了脸色，说："鬼神，是古往今来的圣贤之人都传说存在的，先生你为什么独自说没有？就拿我来说，便是鬼呀！"说着，他的形体变得怪模怪样，顷刻便消失了。阮瞻大为惊恐，从此一病不起，一年多以后就病死了。

③炎嚣阅世：看过浮躁喧哗的人世。
④愁披刘氏《北风图》：忧愁地翻阅出自汉人刘褒之手的《北风图》。披，翻开，翻阅。刘氏，汉桓帝时人刘褒，他曾画过一幅《云汉图》，让人看了感觉一股炎热的气息；后来他又画了一幅《北风图》，让人看了感觉一股清凉之气。
⑤夺：盖过，胜过。
⑥结：凝结。

【译文】

眼前尽是青面獠牙、阴险狡诈的恶鬼，而阮瞻却含笑自若挥笔著作《无鬼论》。看着这喧喧攘攘争逐不已的尘世，不禁满怀忧愁地披览刘褒的《北风图》。气势盖过了山川，墨色纠结了烟霞。

【赏析】

世上到底有没有鬼？在我国古代科学不发达的情况下，大多数人都相信有鬼神的存在。但也有不少人从朴素的唯物主义出发，否认鬼神的存在，比如孔子就常说“未知生，焉知死”、“未能事人，焉能事鬼”等。世上有鬼无鬼，关键在于自己，所谓“为人不做亏心事，半夜敲门心不惊”。刘褒的《北风图》，是一幅绝妙的图画，其气势盖过了山川，墨色纠结了烟霞。传说见了刘褒《北风图》的人，都忍不住觉得寒冷，可见画中的情景何其萧飒！人热衷于尘世的喧嚣，为欲望而奔走，有如将一颗心置于热火沸汤之中。如果能看看刘褒的《北风图》，或许能浇熄心头的烈焰，让自己得到一些清凉。

至音与至宝

至音不合众听[①]，故伯牙绝弦[②]；至宝不同众好[③]，故卞和泣玉。

【注释】

①至音：尽善尽美的音乐。合：适合。

②伯牙：春秋时期人，善于弹琴。他的朋友钟子期能够领会他的琴音中的意蕴。伯牙弹琴，意在高山，钟子期听了，不禁慨叹："巍巍乎高山！"琴音意在流水，钟子期就慨叹："汤汤乎流水！"钟子期死后，伯牙便摔断了琴弦，叹息世上再没有人能听懂他的琴声了。

③众好：众人都喜好。

【译文】

格调太高的音乐不适合常人倾听，所以伯牙在钟子期死后便摔断琴弦不再弹琴；最为珍贵的宝物不能受到常人的赏识，因此卞和才会抱玉在荆山之下哭泣。

【赏析】

曲高和寡，知音难觅。钟子期死后，俞伯牙悲痛万分，他摔断琴弦不再抚琴，就是因为再无知音。天下美好的事物，就像那美妙的音乐一样，往往不是众人能够体会的。众人看惯的都是平常的事物，对美好的事物缺乏认识。所以不仅不能认识它的美，反而有可能认为它是丑陋的。最珍贵的宝物也是如此，因为大多数人都没有见过，不能认识它的独特之处。就像卞和所发现的宝玉，外表其貌不扬，就不被人们所看好，反而使卞和两次遭受刑罚。什么是世上的宝物呢？那美妙的音乐、那珍贵的宝玉，当然是宝物。除此之外，那追求自由的心灵，那无拘无束的自在生活，又何尝不是我们的宝物呢？

梦语与醒语

世人白昼寐语[1]，苟能寐中作白昼语[2]，可谓常惺惺矣[3]。

【注释】

①寐语：说梦话。

②苟能：如果能够。白昼语：清醒时讲的话。

③惺惺：清醒的样子。

【译文】

世上的人常常在白天说着梦话，如果有人能在睡梦中讲着白天清醒时该讲的话，那么可以说这人经常保持着觉醒的状态。

【赏析】

奥地利心理学家弗洛伊德认为，梦是被压抑于潜意识中的本能欲望在人入睡时的显现。通过分析人的梦，我们可以认识人们在觉醒时不曾知晓的心理活动。实际上，在物欲横流、追逐名利的社会，人们就是在白天也总是在说些梦话。比如曲意逢迎、阿谀奉承、指鹿为马，无非是为了名利而说的白日梦话而已。如果一个人在梦中说的是清醒时该讲的话，正如弗洛伊德所言，他的梦话是他内心的真实表达，也就是说他在白天是清醒的，身处扰攘喧嚣的世界，能不为外界所迷惑。懂得人生真谛的人，即使在梦中也清清楚楚，也一样不会被世俗的事物所迷。懂得人生的真谛，摆脱名利的羁绊，这样才会生活得有意义。

纷扰与粗鄙

拨开世上尘氛[①]，胸中自无火炎冰兢[②]；消却心中鄙吝[③]，眼前时有月到风来[④]。

【注释】

①尘氛：尘世的纷扰氛围。

②火炎冰兢：如急火攻心一般的焦灼，如履薄冰一般的心惊胆战。

③鄙吝：粗鄙吝啬。

④月到风来：以清风明月比喻清新爽朗的心境。

【译文】

排除尘世的纷扰气氛，心中自然不会有像火烧一般的渴望，也不会有如履薄冰一样的恐惧；消除心中的卑鄙与吝啬，便可以感受到如同清风明月一般的心境。

【赏析】

人活在世上，为什么会受到尘世的纷扰？那是因为患得患失。一旦得不到所要的，心中的渴望如火一般煎熬，又如履薄冰一般地心惊胆战。人生有得失，因而火煎冰寒的痛苦就没有止境，心灵就得不到片刻的安宁。如果我们能够抛弃名利之心，胸中的火自然会熄灭，胸中的冰自然会融化，便能活得安然自在。明月清风无处不在，但因为我们心中的卑鄙与吝啬，我们视而不见，听而不闻。因为我们总牵挂着人生的名利得失，对美好的大自然缺乏审美认识，因而被那自私的乌云遮掩住了。“停车坐爱枫林晚，霜叶红于二月花”，“因过竹园逢僧话，又得浮生半日闲”，这都需要一种心灵澄静的心境。

才子与佳人

才子安心草舍者[1]，足登玉堂[2]；佳人适意蓬门者[3]，堪贮金屋[4]。

【注释】

①才子：有才气的读书人。草舍：茅草屋。

②足登玉堂：指才德足以担任官职。玉堂，借指官府。

③蓬门：用蓬草编成的门。指贫穷人家的简陋房子。

④堪贮金屋：完全可以造金屋让她居住。语出班固《汉武故事》："胶东王（即汉武帝）数岁，长公主嫖（汉武帝姑母刘嫖）抱置膝上，问曰：'儿欲得妇不？'胶东王曰：'欲得妇。'长公主指左右长御百余人，皆云不用。末指其女问曰：'阿娇好不？'于是乃笑对曰：'好，若得阿娇作妇，当作金屋贮之也。'"

【译文】

有才华的读书人若能安居于茅草屋中，那他就足以担任朝廷命官。美丽的女子如能安心地嫁到穷人家，那她就有资格获得万般宠爱。

【赏析】

孔子是儒家的创始人，他大力提倡道德观念，曾说："不义而富且贵，于我如浮云。"但他也说过："吾未见好德如好色者也。"可见，一个人德才兼备是很难的。特别有才华的人，因受到名利的诱惑，往往很难守住自己。如果一个人能怀抱才学，而又安于茅舍那样简朴的生活，一旦为官，必能造福天下人，不至于自私自利。比如诸葛亮，躬耕垄亩，他不改其乐；报效国家，他鞠躬尽瘁。美丽的女子，往往自恃其美而起骄慢之心，如果她能看破富贵贫贱而肯下嫁蓬门，与之同甘共苦，说明她的内心是美丽的，她也有资格获得万般宠爱。如果她倾慕富贵，而对方又是贪图美色，一旦年老色衰，那她还有什么值得喜爱的呢？

喜传与好议

喜传语者[①]，不可与语[②]；好议事者，不可图事[③]。

【注释】

①传语：将所听到的话到处传播。

②语：与……说话。

③图事：商讨、策划事情。

【译文】

对于那些喜欢把听到的话到处传说的人，不可以随便和他讲话；对于那些遇事喜好发表议论的人，不可以和他一起谋划事情。

【赏析】

人们在社会生活中，总会有一些朋友，共同分享生活的风风雨雨。但是人上一百，形形色色，有的人喜欢到处传话，有的人好发表议论，对这样的人应该有清醒的认识。喜欢传话的人，他们一定守不住秘密，而且喜欢添油加醋，夸大炫耀。不要随便和这样的人讲话，因为他搬弄是非，会使自己受到影响甚至伤害。而喜好谈论事情的人，他们很可能侃侃而谈，口若悬河，但一旦真的面临事情，他们只会顾左右而言他。像这样的人你能和他共谋大事吗？孔子云："君子食无求饱，居无求安，敏于事而慎于言。""君子欲讷于言而敏于行。"意思是说做事要勤奋敏捷，说话却要谨慎。可见，喜好议论不是一种好的德行。

昨非与今是

昨日之非不可留①，留之则根烬复萌②，而尘情终累乎理趣③。今日之是不可执④，执之则渣滓未化⑤，而理趣反转为欲根⑥。

【注释】

①非：过错。

②根烬复萌：像已断的草根再生，像已熄的灰烬复燃。

③尘情：世俗情怀。

④执：坚持，固执。

⑤未化：没有得到净化。

⑥欲根：产生欲望的根由。

【译文】

对于已往的谬误不可留下一点，否则谬误就会像死灰复燃一样再度引发，从而使理趣终究受到俗念的连累。对于现今认为正确的事物要辩证地看待，否则就不能很好地理解真理之精髓，从而使理趣反而转变成欲望的根苗。

【赏析】

陶渊明《归去来兮辞》云："实迷途其未远，觉今是而昨非。"李白曾有诗曰："我本楚狂人，凤歌笑孔丘。"这是说当孔子周游列国时，曾经有一些隐士劝他放弃自己的理想，其中接舆便曾经在孔子车前歌曰：“凤兮凤兮！何德之衰？往者不可谏，来者犹可追。”对于已往的谬误，我们既然已经发现，就要彻底地根除，否则死灰复燃，又容易生起追逐名利之心。生活的智慧是不要执着，不要让欲望生根。如果一旦执着，又会产生新的欲望，从而产生新的束缚。就拿辞官归隐的人来说，离开官场的污浊，亲近田园山水，这是一种自由的选择，应该是身心愉悦的。但如果一旦执着于田园山水，又是一种欲望，又会带来新的烦恼。

奇特与平易

玄奇之疾[1]，医以平易[2]；英发之疾[3]，医以深沉[4]；阔大之疾[5]，医以充实。

【注释】

①玄奇：喜欢炫耀自己的新奇独特之处。玄，通“炫”，炫耀。

②平易：平常简单。

③英发：才华外露。

④深沉：深入沉潜。

⑤阔大：夸大其词，言之无物。

【译文】

炫耀新奇这种毛病，要用简易平实来医治；卖弄聪明这种毛病，要用深刻沉稳来矫正；夸大其词这种毛病，要以充实的内涵来改变。

【赏析】

炫耀新奇这种毛病，出自于一种自我夸耀的心理。读书人一旦染上这种毛病，就会哗众取宠，高谈阔论，不能踏踏实实地做学问。真正的智慧，是存在于平易当中的，因此，要以平易来医治炫耀的毛病。卖弄聪明这种毛病，是因为有人喜欢把才智显露在外，以至于树大招风，引来祸患。比如三国时的杨修，他屡次看破曹操的伎俩，最终引起曹操嫉恨，将其杀害。因此，医治锋芒毕露的良方，就是深刻沉潜的功夫。夸大其辞这种毛病，往往是因为有的人内心不够充实，对事物的认识肤浅短识。因此，先教他们充实自己的内心，才能除去迂阔自大的恶习。

尘心与道念

人常想病时，则尘心便减[①]；人常想死时，则道念自生[②]。

【注释】

①尘心：世俗之心。

②道念：道家出世无为的思想。

【译文】

人们如果能常常想一想生病时的痛苦，那么追逐名利的世俗之念就会减少；人们如果能常常想一想死亡时的情景，那么追求真实而永恒的念头便油然而生。

【赏析】

人们一旦生病，就会明白生命是那么的脆弱，原来生死就在一线之间，也因此会减少名利之心。但人们一旦身体好转，又往往忘记了病中的所思所悟，重新投入到追逐名利的生活。因此，人们要常常想一想生病时的痛苦，时刻警醒自己，他必会舍弃一些无意义的追逐，而去过一种较为真实的生活。什么叫做“道念”呢？就是追求生命的真实和永恒的念头。人在面对死亡的时候，才会感到生命的虚幻无常，而在原来虚幻的生命中，又有许多追求，令生命更加不真实。因此，自古以来许多有智慧的人，能看破生命这一层虚伪的表象，转而追求另一种更真实、不生不灭而永恒的生命。

恩爱与富贵

恩爱吾之仇也[①]，富贵身之累也[②]。

【注释】

①仇：敌人。

②累：牵累，拖累。

【译文】

恩情厚爱是我的仇敌，荣华富贵是我身心的拖累。

【赏析】

恩爱富贵是人们热衷追求的东西，但对这些东西的追求一旦到了痴迷的程度，往往会适得其反，给人们带来无尽的烦恼。比如唐明皇与杨贵妃，他们有“三千宠爱集一身”、“从此君王不早朝”的恩爱，有“在天愿为比翼鸟，在地愿为连理枝”的爱情理想，但最终人鬼殊途，“天长地久有时尽，此恨绵绵无绝期”。功名富贵又何尝不是如此呢？所谓人在江湖，身不由己，岳飞英雄一世，也只能发出“三十功名尘与土，八千里路云和月”的浩叹。所以，“恩爱吾之仇也，富贵身之累也”，这是对过于追求恩爱富贵的反省。恩爱富贵带来的羁绊，让我们如同身陷牢笼，甚至带来祸患，从这个意义上说，恩爱富贵是我们的仇敌和拖累。

读书与享福

人生有书可读，有暇得读[①]，有资能读[②]，又涵养之如不识字人[③]，是谓善读书者。享世间清福，未有过于此也[④]。

【注释】

①暇：闲暇，空闲时间。

②资：购书用的钱。

③如不识字人：像不识字的人那样不被书中的说教所束缚。

④过：胜过，超过。

【译文】

人生在世，如果能拥有可读之书，能拥有读书的时间，同时又不缺钱买书；虽然读了许多书，却自我修养得丝毫不被书本所局限，就可说是善于读书的人了。能享世间清闲之福的，恐怕没有超过这个的了。

【赏析】

在我国古代读书人看来，披卷读书，是人世间一件惬意的事情，所谓“红袖添香夜读书”。一个人如果有闲情雅致，又有充裕的时间和适当的金钱去读自己喜爱的书，那当然是一件很幸福的事了。这样读书的目标是为了获得心灵的愉悦，如果把读书的目标定位于科举中试，为了“书中自有黄金屋，书中自有颜如玉”，那又会受到名利的拖累。所以说虽然读了许多书，却要“涵养如不识字人”才算是善于读书，因为死守着书本的教条，反而违背了读书的本意，所谓“尽信书不如无书”。因此，读了很多书而又能运用自如，如同不识字之人，才是真正得到了读书的旨趣。

古人与今人

古之人，如陈玉石于市肆[1]，瑕瑜不掩[2]。今之人，如货古玩于时贾[3]，真伪难知。

【注释】

①陈：陈列。市肆：市场商铺。

②瑕瑜不掩：玉石的瑕疵和光彩都不加掩饰。瑕，玉上的瑕疵、斑点。瑜，玉的光彩。

③货：购买。时贾：当今的商人。

【译文】

古代的人，就好像陈列在市场店铺中的玉石，无论过失或美德都不加以掩饰。现代的人，就好像从商人手里买来的古玩，是真是假就很难得知。

【赏析】

我国古代知识分子总认为，传说的三皇五帝时期是政治清明的时代，社会公正，民风淳朴。所以总有人常常慨叹，世风日下，人心不古。客观地说，在远古时期，由于人们的生活较少受物质利益的影响，因而他们就好像陈列在市场店铺中的玉石，无论过失或美德都不加以掩饰。随着社会的发展，现代人受物质利益的驱动，心思变得十分灵巧，懂得虚伪掩饰，就像从商人手里买来的古玩，是真是假就很难得知。社会的发展，时代的改变，世风发生变化，这是很正常的，我们也不能视如洪水猛兽。但是，无论世风怎样变化，一个人都应该要固守做人的基本准则，这样整个社会才能健康地发展。

己情与人情

己情不可纵[1]，当用逆之法制之[2]，其道在一忍字[3]。人情不可拂[4]，当用顺之法制之，其道在一恕字。

【注释】

①己情：自己的情感、欲望。纵：放纵。

②逆：抑制。

③道：方法。

④人情：别人的要求、愿望。拂：违逆，推却。

【译文】

自身的情念欲望不可放纵，应当自我克制，其关键的办法就在于一个“忍”字。他人所要求的事情不可违逆，应当顺其心愿，其主要的方法就在于一个“恕”字。

【赏析】

古往今来一切成就大事业的人，都能严格要求自己，严于律己，宽以待人。严于律己，就是要自我克制，用一“忍”字压抑限制自己的情念欲望。人的欲望没有止境，如果任其泛滥，就如决堤的洪水一泻千里。古人常说红颜祸水，其实真正的祸水哪是红颜呢？是那些放纵欲念的男人自取其辱啊！李自成宠爱陈圆圆，吴三桂“冲冠一怒为红颜”，导致李自成多年创立的大业毁于一旦。他人往往有许多要求，有时对自己本身会造成一些困扰，但是却也拒绝不了，这时只有以一种宽容、体谅对方的心情，去顺遂对方的要求。我们常说要顺随人情，随和处世，可知这是要内心存着“恕”道，才能做得到的。时时想着人情之常，才能愉快地与人相处。

富贵与清闲

人言天不禁人富贵，而禁人清闲，人自不闲耳。若能随遇而安[1]，不图将来，不追既往[2]，不蔽目前[3]，何不清闲之有？

【注释】

①随遇而安：无论处在什么样的环境中都能安然自适。

②既往：过去、往昔。

③不蔽目前：不被眼前的事物所蒙蔽。

【译文】

有人说，上天不禁止人们追求荣华富贵，却禁止人们过清闲自在的日子。其实，只是人自己不肯清闲下来罢了。如果能安于自身所处的现状，不图谋将来，不追悔过去，也不被眼前的事物所蒙蔽，那么，哪有不清闲的道理呢？

【赏析】

人生在世，忙忙碌碌，“长恨此身非我有，何时忘却营营”。正因为有营营之心，追求荣华富贵，才不会有清闲自在的日子。没有清闲自在的日子，不是上天的规定，而是我们自己不肯清闲。如果能安于现状，不图谋将来，不追悔过去，也不被眼前的事物所蒙蔽，哪有不清闲的道理呢？我们不妨去看看深山樵夫，江渚渔人，他们的生活简单朴实，然而他们却一身的清闲。可是在现实生活中，人们总热衷于追求声色名利，高官厚禄，一旦这一愿望实现，又有一个新的愿望出来，永无止境，也就永远不得清闲。《红楼梦》“好了歌”云：“终朝只恨聚无多，及到多时眼闭了”，又何必如此呢？

浮云与流水

观世态之极幻[1]，则浮云转有常情[2]；咀世味之昏空[3]，则流水翻多浓旨[4]。

【注释】

①世态：人世间的种种情态。极幻：极度的虚幻。

②有常情：有规律可循。

③咀：咀嚼，品味。昏空：昏沉而虚空。

④翻：反而。浓旨：浓厚的意味。

【译文】

观看了人间世事的变幻莫测，就会觉得天上的浮云虽然变化无穷但仍有规律可循；咀嚼了世间滋味的昏昧空洞，就会觉得潺潺的流水虽然声音单调但仍意味深厚。

【赏析】

天上的浮云变化莫测，然而比较起人世的沧桑变幻，它们仍有规律可循。人世的变幻，还不在于沧海桑田，而在于世事多变，人情多变。人们为了追逐声色名利，能够翻云覆雨，指鹿为马，这不像天上浮云的变化有规律可循。春秋时有个叫易牙的人，他为了巴结君主，竟然把自己的儿子蒸食给君主；同样是他，又谋害了君主。这其间的变化，又岂是浮云变化所能比的呢？世间的情味昏昧空洞，远不如潺潺的流水意味深厚。人世间“天下熙熙，皆为利来；天下攘攘，皆为利往”，所以生活单调空洞，而潺潺的流水随方就圆，顺其自然，更能懂得生命的真实所在。对生活的要求简单了，对名利不那么执着了，那人生也就像流水一样顺其自然了。

立德与静心

贫士肯济人[1]，才是性天中惠泽[2]；闹场能笃学[3]，方为心地上工夫[4]。

【注释】

①贫士：贫穷的人。济：接济，帮助。

②性天：天性。惠泽：仁爱与宽厚。

③笃学：专心学习。

④心地：心境。

【译文】

虽为穷人但仍肯接济他人，这才可以显出他天性中的仁爱与宽厚；即使在喧闹的环境中仍能专心学习，这才可显出他在保持内心的宁静上所下的真功夫。

【赏析】

乐于助人，是一种美好的品德。富人去帮助别人，相对来说要容易些，因为他具备帮助别人的经济条件；穷人去帮助别人，这是因为他天性中就有仁爱与宽厚之心。比如有的人自己衣食并不富足，但一看到有需要帮助的人，他就毫不犹豫地去帮助他们。像这样的穷人，虽然物质并不富裕，但心灵却非常富有。人在喧闹的场合中，往往不易把持自己，若能不为所动，能够专心学习，那才算是在心性上下了功夫。毛泽东在湖南第一师范学校学习期间，为了锻炼自己的自制能力，总是在喧闹的街市上读书。他后来取得的成就，与他加强心性的自我修养是不无关系的。

心生与心灭

了心自了事[1]，犹根拔而草不生；逃世不逃名[2]，似膻存而蚋还集[3]。

【注释】

①了心：了却心中的牵挂。

②逃世：逃避世事。逃名：摆脱追逐名利的欲望。

③膻存而蚋还集：腥膻的气味还留存着，会再次招致蚊蝇聚集。

【译文】

能将心中的欲念了却，万事就会自行了却，就像连根拔掉的草不再生长；虽然逃离尘世隐居山林，但内心仍对声名念念不忘，就像未将腥膻气味完全除去仍会招致蚊蝇群集。

【赏析】

人世间的诸多烦恼，都是因为自己的心念而起。能将心中的欲念了却，万事就会自行了却。我们常说斩草除根，斩除了欲念的根，就不会再受到声色名利的牵累，心中自然宁静。如果不斩除欲念之根，那欲念又会"野火烧不尽，春风吹又生"。如果内心对声名念念不忘，即使隐居山林仍然无法摈弃对名利的追求。更有甚者，有的人拿隐居山林作为一种手段，以博取名声，以更好地获得名利。比如唐代有个卢藏用，他早年求官不成，便故意跑到终南山去隐居。终南山靠近国都长安，在那里隐居，容易让皇帝知道并请出来做官，后来卢藏用果然达到目的。这就称为"终南捷径"。

才鬼与芳魂

风流得意[1]，则才鬼独胜顽仙[2]；孽债为烦[3]，则芳魂毒于虐祟[4]。

【注释】

①风流：英俊，有才华。得意：得行其意，达到目的。

②才鬼：即鬼才。指才气卓越的人。顽仙：传说中冥顽不化的神仙。

③孽债：指折磨人的情感如同还不尽的债务那样令人烦恼。

④虐祟：凶狠肆虐的鬼神。

【译文】

论英俊潇洒、才华横溢、得行其意，那么，有才气的“鬼才”尤其胜过冥顽不化的神仙；论情感孽债所带来的烦恼，那么，美女的芳魂却比凶恶的鬼怪还要厉害。

【赏析】

如果人们能摆脱名利的羁绊，那就能够过一种毫无拘束的生活。而一个人如果能够英俊潇洒、才华横溢、得行其意，那他的生活就更自由自在了。传说中的神仙，他们是风流潇洒的，呼风唤雨，踏雪无痕；乐善好施，扶弱济贫；超然物外，淡泊无为。但是有些神仙非常愚蠢，如猪八戒好吃懒做，贪赃好色，那就还不如有才气的“鬼才”。至于情债，就比凶神恶鬼更折磨人了。因为凶神恶鬼由外而来，终有降伏的时候，而情爱却由心而生，如果内心不能自止，必然会憔悴至死。因此，美女的芳魂比凶恶的鬼怪还要厉害。但是，这并不是芳魂的过错，都是人心作祟。

自悟与自得

事理因人言而悟者，有悟还有迷，总不如自悟之了了[①]。意兴从外境而得者[②]，有得还有失，总不如自得之休休[③]。

【注释】

①了了：清楚明了。
②意兴：意趣，兴味。
③休休：安详的样子。

【译文】

如果事物的道理是因为他人解释才领悟的，那么即使有所领悟还会有迷惑的时候，总不如由自己亲身领悟得来那样清楚明白。如果意趣和兴味是由外界环境引发的，那么即使得来也会很快失去，总不如发自内心那样令人快乐。

【赏析】

每个人的智慧和经验的积累并不相同，因此一个人向他人学习是必要的，所谓“三人行，必有我师”。但他人的解释，毕竟不是自己的理解，所以对事物的理解往往会出现偏差，有领悟的时候也有迷惑的时候。一个人如果能够自己领悟事物的道理，一定能清楚分明，不再有迷惑的时候。由环境而得的意兴，等到环境变化时，往往随之消失，因为它是依附环境而生的。至于由自己心中所生出来的自得其乐的情怀，则永远不会失去。人要懂得让自己心情开朗愉快的方法，不要被环境所左右。如果能够如此，他便得到了快乐的真谛。

豪杰与神仙

豪杰向简淡中求[1],神仙从忠孝上起[2]。

【注释】

①豪杰:指才能出众的人。简淡:简朴平淡。

②忠孝:忠于国家、孝敬父母。

【译文】

要想成为英雄豪杰,必须从简朴平淡的日常起居做起;要想成为神仙,必须首先从忠孝二字上做起。

【赏析】

英雄豪杰,是推动社会发展的重要力量。我们崇拜英雄豪杰,总以为他们充满了神秘。其实,一个人之所以能够成为豪杰,除了他自身的素质以外,与他艰苦奋斗的精神息息相关。英雄豪杰是从简朴平淡的日常起居做起的,因为他们把所有的精力,都放在自我充实和创立功业上,不像一般人都用来追求生活的舒适。天上当然没有神仙,这里所谓的神仙,是指品德高尚、普济众生的人。他们关心众人,而众人当中,又有谁比父母、国家对自己的恩惠更重呢?一个人如果不能报答父母、国家的恩惠,也一定做不到普济众生,“一屋不扫,何以扫天下?”因此,要成为神仙,必须首先从“忠孝”二字上做起。

招客与浇花

招客留宾，为欢可喜[1]，未断尘世之扳援[2]；浇花种树，嗜好虽清，亦是道人之魔障[3]。

【注释】

①为欢：作乐。

②扳援：同“攀援”。挽留。

③道人：修道之人。魔障：致命的障碍。

【译文】

乐于招待宾客，虽然十分欢愉，却无法了断对于世俗的挽留。喜欢浇花种树，这种嗜好虽然十分清雅，却也是修道的障碍。

【赏析】

人生在世，少不了朋友之间的交往。知交相聚，“故人具鸡黍，邀我至田家……开轩面场圃，把酒话桑麻”，确实令人感到心情愉快。真正的朋友，其交往是不拘形式的，如果终日欢宴，却又表现了对世俗的执着，不会得到内心的清静。更有甚者，出于功利目的招待宾客，那就更俗不可言了。浇花种树，固然是清雅之趣，如果执着了，反而是修道上的障碍。修道的人，对一切事物应该无牵无挂，如果因浇花植木，对花木产生不舍之情，就背“道”而驰了。陶渊明“采菊东篱下，悠然见南山”，虽爱恋山水，却并不执着，这才是人生的最高境界。

神灵与人灵

天下有一言之微[①]，而千古如新；一字之义，而百世如见者，安可泯灭之[②]？故风、雷、雨、露，天之灵；山、川、民、物，地之灵；语、言、文、字，人之灵。此三才之用[③]，无非一灵以神其间，而又何可泯灭之？

【注释】

①灵：灵气，灵验。

②泯灭：消灭，丧失。

③三才：即天、地、人。

【译文】

天下有一句简短的话，流传千古之后却听来犹感新颖；有一字的意义，流传百世之后读它仍然认为正确。这些，怎么可以让它消失泯灭呢？风、雷、雨、露是上天的灵气，山、川、民、物是大地的灵气，语、言、文、字是人的灵气。观察天、地、人三才所呈现出来的种种现象，无非是这种灵性在其中发挥着神妙的作用。那么，怎么可以让这种灵性消失泯灭呢？

【赏析】

人是万物中最有智能的存在。《尚书·泰誓上》："惟天地万物之母，惟人为万物之灵。"莎士比亚在《哈姆莱特》中写道："人类是一件多么了不起的杰作……宇宙之精华，万物之灵长！"人类生活在大自然中，大自然有大自然的神灵，风、雷、雨、露是上天的灵气，山、川、民、物是大地的灵气。那么在人类的生活中，语、言、文、字就是人类的灵气。语言文字的产生，正是人类文明进步的表现。传说仓颉造字之时"天雨粟，鬼夜哭"，这是人类历史上的一个巨大超越。因为有了语言文字，我们才能和大自然的灵性相沟通。所以说，天、地、人三才所呈现出来的种种现象，无非是灵性在其中发挥着神妙的作用。

佳客与山水

闭门阅佛书①，开门接佳客②，出门寻山水，此人生三乐。

【注释】

①佛书：佛教经书。

②佳客：志趣相投的友好客人。

【译文】

将门关起来阅读佛经，把门打开迎接志趣相投的友人，走出门去寻访美好的山水，这是人生三大乐事。

【赏析】

佛教传入我国以后，对我国民众影响很大。作为统治者而言，他们希望通过宗教来麻醉人民，以维护他们的统治。但是，佛经所宣传的一些教义，表现了对生命意义的透彻认识，能让人们放弃对自我的执着，应该说是有一定的积极意义的。因此，一个不热衷于名利的人，将门关起来阅读佛经，把门打开迎接志趣相投的友人，走出门去寻找美好的山水，会得到无比的快乐。闭门读佛经，是与自我生命的本源沟通；开门迎佳客，则是与人忘情交往；出门寻山水，便是与自然神交了。我们抛开了名利的羁绊，认识到生命的本源，又怎么能不快乐呢？所谓“把酒临风，其喜洋洋者矣”，就是这种快乐心情的表达。

读书与处世

眼里无点灰尘[1]，方可读书千卷；胸中没些渣滓[2]，才能处世一番。

【注释】

①灰尘：比喻见解方面的成见。

②渣滓：比喻思想上的偏见。

【译文】

眼中没有任何成见，才可以广读各种书籍；胸中没有偏激之情，才可以处世圆融。

【赏析】

一个人如果在读书时抱有成见，先入为主，那就在读书的选择上会有所偏爱。只有眼里没有成见，才不会一叶障目，广泛地阅读各种书籍，得到多方面的收获。杜甫云："读书破万卷，下笔如有神"，就是说只有广泛阅读才会文思泉涌，文采飞扬。人和人之间的相处，难免会有些磨擦，事情也往往有不尽如人意的地方，如果把这些都放在心上，生活就变得很不愉快了。我们的心思要清楚明白，对事情也要有正确的主张，但是，在处世的方法上要做到圆融，这样才能更好地达到做事的目的。当然，处世圆融，并非处世圆滑，毫无原则，那样又会适得其反，反而达不到做事的目的。

营求与得失

不作风波于世上[①]，自无冰炭到胸中[②]。

【注释】

①不作风波：不为名利兴风作浪。

②冰炭：如履薄冰的恐惧和如火攻心的焦灼。

【译文】

人在世上，不为名利兴风作浪，心中自然没有如履薄冰一样的恐慌，也没有炭火烧烤一样的渴望。

【赏析】

人世间的惊涛拍岸，波浪汹涌，来自于对名利的汲汲以求。如果一个人整日被无尽的欲望所驱使，他的心中就好像燃烧着熊熊的烈火，一旦欲望没能实现，他又好像如履薄冰一样地恐慌。其实，热火也好，寒冰也罢，都是由于自己追逐名利所造成的。“任凭风浪起，稳坐钓鱼台”，如果能认识人生的真谛，就会发现人世间原来是风和日丽，水波不兴。什么是人生的真谛？在波涛汹涌的生命表象之下，生命的本身是宁静而无所欠缺的，人们努力所追求的名利，不过是毫无价值的身外之物。认识了这一点，我们会明白只有安详而自在的生活才是最美好的，我们才会感受到人生如游鱼戏水般的优哉游哉。

无事与对景

无事而忧，对景不乐，即自家亦不知是何缘故[1]。这便是一座活地狱，更说什么铜床铁柱[2]，剑树刀山也[3]。

【注释】

①自家：自己。

②铜床铁柱：神话传说中地狱里经火烧烫的铜床和铁柱。

③剑树刀山：神话传说中插满刀的树和山。

【译文】

没遇到什么令人不快的事，心中却烦忧不已，对着良辰美景，心中却没有一点快乐，连自己也不明白这是什么原因。这种状况就如同一座活地狱，何必再说什么地狱中的热铜床、烧铁柱，以及插满剑的树和插满刀的山呢？

【赏析】

按照宗教的传说，为非作歹的人，死后将要进入地狱，在那里受到公正的审判，处以严酷的刑罚。比如地狱里有炙热的铜床、烧烫的铁柱，还有插满剑的树、布满刀的山。这样的刑罚确实可怕，但是人们在活着的时候，时刻算计着名利，无事而忧，对景不乐，这又何尝不是身处地狱呢？人死后是否有地狱，这还不能确定。但在现实生活中，人们为名利所羁绊，仿佛生活在地狱之中，这是明晰可见的。面对美丽的风景，并无忧心之事，竟然还是不快乐，甚至连不快乐的原因都不知道，这就是名利对我们的戕害。倘如此，我们活着还有什么乐趣呢？其实，最大的地狱，莫过于人们自设的地狱。

出世与入世

必出世者①，方能入世②，不则世缘易坠③。必入世者，方能出世，不则空趣难持④。

【注释】

①出世：超脱人世，摆脱世事的束缚。

②入世：投身到社会中。

③世缘易坠：人世间的事情容易使人堕落。世缘，佛教用因缘来解释人事，因此称人间世事为世缘。

④空趣难持：空灵的幽趣难以把持。

【译文】

一定要有超脱人世的襟怀，才能深入世间，否则，就会因世俗的种种影响而堕落。一定要有深入世间的准备，才能真正地超脱人世，否则，就不能长久地待在空寂之境。

【赏析】

所谓出世的襟怀，就是看透世间种种现象的智慧，能够对外界不起贪恋爱慕的心思。具有这种超越世事的心怀，便能够在世间做任何事而不至于堕落，掌握自己生命的方向而不被掌握。世间有许多事情，容易让人们迷失自己，倘若我们没有智慧，就很可能迷恋而不能自拔。一旦我们无法掌握自己生活的方向时，那么我们活得就像傀儡一样，我们的生命便是堕落了。所谓入世的准备，是指经历世事，对人世有着深刻的理解。未曾经历世事的人，不易看透人世的本质，一旦遭遇人世的繁华热闹，容易生起名利之心。如果有了入世的准备，经历了世事，还能出世，那才是真正的出世的襟怀。

诗意与禅意

人有一字不识，而多诗意；一偈不参[1]，而多禅意[2]；一勺不濡[3]，而多酒意；一石不晓，而多画意。淡宕故也[4]。

【注释】

①偈：阐释佛教教义的句子。参：参悟。

②禅：泛指有关佛教的事物。

③濡：沾湿。

④淡宕：和舒荡漾。宕，通“荡”，荡漾。

【译文】

有的人一个字都不认识，却很有诗意；一句佛语都不懂得，却颇解禅意；一滴酒也不沾，却满怀醉意；一块石头也不观赏，却满眼画意。这是因为他淡泊而无拘无束的缘故。

【赏析】

唐代有位九岁少女，作诗曰：“别路云初起，离亭叶正稀。所嗟人异雁，不作一行飞。”表达了离别的真情实感，诗意高远。可见，诗意并不在于文字水平的高低，而在于是否有那份真切实在的意境。同样地，禅意也并不在偈，酒意也并不在酒，画意也并不在石，它都在于我们的心中是否有那份情趣。如果我们沉醉在功利之中，即使文字水平再高，也无法体会诗意，因为诗意在情，而功利伤情。如果我们执着于偈语，则无法体会禅意，因为禅意无执，“本来无一物，何处染尘埃？”如果我们太过理性，则无法体会酒意，因为酒意原在放浪形骸。如果我们不善用心观察，则无法体会画意，因为画意无所不在。当我们的心灵无所束缚的时候，我们就会深深懂得诗意、禅意、醉意、画意。

棋酒与竹花

眉上几分愁，且去观棋酌酒[1]；心中多少乐[2]，只来种竹浇花。

【注释】

①观棋酌酒：看人下棋品酒。

②多少：许多。

【译文】

眉间有几分愁意之时，暂且去看别人下棋或自己浅酌几杯。其实，心中的许多快乐，就来自于种竹浇花这样的小事。

【赏析】

“百年三万六千日，不在愁中即病中。”“只恐双溪舴艋舟，载不动，许多愁！”人们为什么总是愁眉深锁，有无尽的烦恼呢？那是因为我们太在意尘世的名利、感情、地位。其实，世事如棋，有时为了几个棋子而失掉大局，有时失掉几个棋子而保全大局，完全不必为些许小事愁眉不展。浅酌几杯，放松心情，可以发现许多事只是自寻烦恼，完全不必过于拘泥。人们如果懂得生活的情趣，就可以从一些微小的事情中获得快乐。种竹浇花，能够陶冶人们的性情，让人得到快乐。竹的高洁，花的情态，与我们心意相通。苏东坡云：“宁可食无肉，不可居无竹。”陶渊明云：“待到重阳日，还来就菊花。”懂得快乐的人，天地之间无处不能快乐。

了心与出世

完得心上之本来[1]，方可言了心[2]；尽得世间之常道[3]，才堪论出世[4]。

【注释】

①完得：完全认识到。本来：本来面目。

②了心：明确了解思想的真实状况。

③常道：永恒不变的道理、规律。

④出世：超脱人世，摆脱世事的束缚。

【译文】

能够完全认识到自己的本来面目，才算对自己了解于心；能够透彻世间的永恒不变的道理，才足以谈论出世。

【赏析】

古希腊奥林匹斯山上的特尔斐神殿里有一块石碑，上面写着："认识你自己！”今天的人类依然没有揭开自我的谜题，这也说明人对自我的探索是永恒的。佛家认为，一切众生真正的本性是佛。倘若能领悟到这一点，我们便可以超越虚妄的心识，了悟到自己不生不死的本来面目。人世间的常道是什么呢？在佛家看来，一切事物都在不停地变化，最后消失成空。了解了这个道理，就不再拘泥于尘世的恩恩怨怨，是是非非，从而得到心灵的解脱。所谓的出世，并非逃入山林，而是领悟变化和消失的道理，超脱俗世。如果人们能认识到自己的本来面目，透彻世间的永恒不变的道理，那就会得到像婴儿一般纯真无邪的快乐。

调性与谐情

调性之法[①]，急则佩韦[②]，缓则佩弦[③]；谐情之法[④]，水则从舟[⑤]，陆则从车[⑥]。

【注释】

①调性：调整性情。

②佩韦：佩带柔软的熟皮来提醒自己性情要柔和勿躁。据《文苑》载："西门豹、范丹，皆性急，佩韦以自戒。"韦，柔软的熟皮。

③佩弦：佩带刚急的弓弦来提醒自己要遇事积极果断。据《文苑》载："宓子贱、董安子，皆性缓，佩弦以自急。"弦，弓弦，有刚急之性。

④谐情：调适性情。

⑤从舟：乘船。

⑥从车：乘车。

【译文】

调整个性的方法是：性子急的人就在身上佩带柔软的熟牛皮，警惕自己不可过于急躁；性子缓的人就在身上佩带弓弦，警惕自己要积极行事。调适性情的方法，要像水上乘舟、陆上乘车一般适情适性。

【赏析】

在一个人的成长过程中，除遗传、身体方面的因素外，家庭的影响，学校的教育，社会生活实践的作用等等因素交织在一起，形成了一个人的个性。每个人的个性并不一样，根据现实的需要，可以对个性进行调整。如果性子太急，就容易操之过急；性子太缓，又容易丧失良机，同样足以坏事。在《论语》中，子路和冉有同样问“听到就干起来吗”，孔子却分别给了否定和肯定的回答，其原因就是子路勇猛，所以给他泼点冷水；冉有怯懦，所以给他打点气。至于调适性情的方法，最重要的一个原则就是不要逆着事物的本性行事。就如在水上行舟，陆上行车，是自然的事。如果违逆事物的本性行事，往往寸步难行，甚至自取灭亡。天地万物，各自有最美好的天性，顺其自然，才能过着和谐圆满的生活。

熏德与消忧

好香用以熏德[①]，好纸用以垂世[②]，好笔用以生花[③]，好墨用以焕彩[④]，好茶用以涤烦[⑤]，好酒用以消忧。

【注释】

①熏德：熏陶德性。

②垂世：流传于世。指用纸写出世代流传的不朽文章。

③生花：写出美妙的文章。语出五代王仁裕《开元天宝遗事·梦笔头生花》："李太白少时，梦所用之笔头上生花。后天才赡逸（充裕、奔放），名闻天下。"

④焕彩：描绘流光溢彩的图画。

⑤涤烦：洗去烦恼。

【译文】

好香用来熏陶美好的品德，好纸用来书写垂世之作，好笔用来创作美好的篇章，好墨用来描绘流光溢彩的图画，好茶用来洗涤心中的烦恼，好酒用来消解心头的忧愁。

【赏析】

林语堂所著《生活的艺术》一书，将旷怀达观、陶情遣兴的中国人生活方式和浪漫高雅的东方情调予以充分地传达，娓娓道出了一个可供仿效的生活最高典型模式。生活的艺术，就在于物尽其用。用香草熏德，因为香草是德行的象征，如屈原在《楚辞》中常常用兰花香草、荷衣蓉裳来象征自己品格的纯洁高尚。三国魏文帝曹丕认为："盖文章经国之大业，不朽之盛事。"那么，一张上好的纸，在上面写下可以传世不朽的文字，岂不是最为适切？一支好笔，让我们用它来写下句句美好的篇章，绽放无数心灵的花朵。一块墨，通过我们心灵的展现，成了一幅使人耳目一新的山水花鸟，难道不是它最佳的用处？而一杯好茶，却能让我们涤除胸中烦闷，感到无比清爽。好酒则使我们忘却忧愁，感受一种美妙的人生境界。

烦恼与性灵

破除烦恼，二更山寺木鱼声；见澈性灵[1]，一点云堂优钵影[2]。

【注释】

①见澈性灵：透彻地领悟人性和智慧。

②云堂：指山中僧人的禅房或佛堂。优钵影：指优钵罗花，即青莲花或红莲花。

【译文】

要消除心中的烦恼，不妨仔细聆听二更时山庙中传来的木鱼声；要透彻地领悟人性和智慧，不妨到佛堂里静心观看青莲花。

【赏析】

人生在世总有许多烦恼，范仲淹说是“进亦忧，退亦忧”，那么什么时候可以乐呢？“先天下之忧而忧，后天下之乐而乐”。这是一种高尚的境界，普通人做不到，那么普通人怎么消除心中的烦恼呢？那就是抛开名利的羁绊，求得心灵的宁静。“姑苏城外寒山寺，夜半钟声到客船”，那阵阵敲木鱼的声音，是如此的宁静祥和，要唤醒世人的痴迷。在生命的旅途中，人们因为追逐名利而往往走向迷失。人们如果要走出迷失，透彻地领悟人性和智慧，不妨到佛堂里静心观看青莲花。莲花“出淤泥而不染，濯清涟而不妖”，常被喻为佛的清净智慧。我们在对莲花的静观中，能够把握生命的本质，彻底洞察自己的本性。

太闲与太清

人生莫如闲[1]，太闲反生恶业[2]；人生莫如清[3]，太清反类俗情[4]。

【注释】

①莫如闲：没有比得上闲适的。

②恶业：坏事。

③清：清高。

④类：类似。俗情：世俗之情。

【译文】

人生最佳妙事莫过于清闲，然而太清闲反而会做出不善的事情。人生最佳妙事莫过于清高，但是太清高反而类似矫揉造作。

【赏析】

人生忙忙碌碌，能够得到清闲，当然是美妙的，“因过竹园逢僧话，又得浮生半日闲”。偶尔的闲暇对我们身心有益，但是如果长期过清闲安逸的日子，反而有害。“世上本无事，庸人自扰之”，有了太多的闲暇，人们往往追求物质上的享受。而追求物质上的享受，又往往会带来一系列的社会问题，甚至做出不善的事情。清高是好的，在物欲横流的社会，有清高的生活态度，表明他不因为追求名利而迷失自己。但一个人如果过于清高，反而类似矫揉造作，这就不好了。因为清高是自己的一种生活态度，而不是给别人看的作秀。因此，过于清高，也是在追求一种名声，还是陷入了追求声名的泥沼。

灵丹与世俗

胸中有灵丹一粒[①]，方能点化俗情[②]，摆脱世故[③]。

【注释】

①灵丹一粒：比喻一颗澄澈明净的心。

②俗情：世俗之情。

③世故：世间的事情。

【译文】

胸中有一颗澄澈明净之心，才能点化内心的世俗之情，达到超凡脱俗的境界。

【赏析】

人生有太多的烦恼和忧愁，如果有灵丹妙药妙手回春，方能医治人们永远的伤痛。李商隐诗云："嫦娥应悔偷灵药，碧海青天夜夜心。"嫦娥独吞仙药，飞入月宫，她还是落入了可怕的寂寞之中。可见，这灵丹妙药，不在其他，而在于自己的心灵。人心被物欲所蒙蔽，为追求名利而患得患失，才会有无尽的烦恼。所谓灵丹一粒，就是一颗澄澈明净的心，以真心面对自己和世界。心灵澄静了，百病也就消除了，能够点化内心的世俗之情，达到超凡脱俗的境界。其实，人人都有这一颗灵丹妙药，只是人们被物欲蒙蔽，浑然不觉而已。

骷髅与蝴蝶

无端妖冶[①]，终成泉下骷髅[②]；有分功名[③]，自是梦中蝴蝶。

【注释】

①无端：极度，无限。妖冶：艳丽妖媚。

②泉下：即九泉之下，指人死后的归宿。

③有分：有名分。

【译文】

无论多么妩媚的美人，最终都会成为黄土之下的森森白骨；即使是应得的功名，无非是梦中虚幻的蝴蝶。

【赏析】

对美的追求，也是社会发展的动力。真正的爱美，应该是欣赏美，从欣赏美中得到愉悦，而不是从美的执着中得到痛苦。就时空而言，人生短暂；对人生而言，青春年华短暂。无论多么妩媚的美人，最终都会成为黄土之下的森森白骨。对美一旦执着，就会产生痛苦。周幽王宠爱褒姒，烽火戏诸侯以博美人一笑，结果弄得家破人亡。在古代，读书人最大的心愿，就是科举中试，博取功名，“十载寒窗无人问，一举成名天下知”。应该说，科举制度对选拔人才是有积极作用的，对贫寒子弟也是一个改变命运的较好途径。但如果一旦对功名执着了，又会带来无尽的烦恼。就像范进中举一样，因过于欢喜而发了疯。在历史的长河中，个人的功名有如梦中的蝴蝶，一切都会随风而逝，又有什么好执着的呢？

面壁与心静

独坐禅房，潇然无事[①]，烹茶一壶，烧香一炷，看达摩面壁图[②]。垂帘少顷[③]，不觉心静神清，气柔息定。蒙蒙然如混沌境界[④]，意者揖达摩[⑤]，与之乘槎而见麻姑也[⑥]。

【注释】

①潇然：清闲的样子。

②达摩：禅宗的始祖。梁武帝时达摩从天竺来到中国，曾在嵩山少林寺面壁而坐习禅达九年，后来将法衣传给了二祖慧可，传至六祖慧能时，中国禅宗开始繁荣。

③垂帘：放下门帘。少顷：一会儿。

④蒙蒙然：朦朦胧胧的样子。混沌：古人想象中的世界开辟前的状态。

⑤意者揖达摩：意念中拜见了禅宗始祖达摩。揖，拜见。

⑥槎：木筏子。麻姑：神话传说中的仙女。

【译文】

独自坐在禅房中，清闲无事，煮一壶茶，燃一炷香，欣赏《达摩面壁图》。将眼睛闭上一会儿，不知不觉中，心情变得十分平静，神智也十分清楚，气息柔和稳定。这种感觉，仿佛回到了世界之初的混沌境界，意念中就像拜见了达摩祖师，并和他一同乘筏渡水去见麻姑仙女一般。

【赏析】

何谓面壁？佛教指脸对着墙静坐默念。南北朝时印度僧达摩来华，据传在嵩山少林寺面壁九年，潜心修道。周恩来诗云："面壁十年图破壁，难酬蹈海亦英雄。"在佛家看来，我们的身体和意识都是虚妄的，所以只应重视心性的了悟。而且，佛家认为，了悟心性并不是高深的学问，人人都可以达到，所谓"放下屠刀，立地成佛"。有了坐禅的心境，煮茶燃香，沉入静思默念之中，心智就会变得十分宁静。达到这种境界，意念中就像拜见了达摩祖师，并和他一同乘筏渡水去见麻姑仙女一般。佛教的过人之处，就在于无论何时何地何人，都可以了悟心性，达到神妙的境界。有了这样的境界，人世又还有什么执着呢？

才人与正人

才人之行多放[①]，当以正敛之[②]；正人之行多板[③]，当以趣通之[④]。

【注释】

①才人：有才气的人。放：洒脱疏放，不受约束。

②敛：收敛；约束。

③板：呆板，不知变通。

④通：融通。

【译文】

有才气的人行为常常疏放而不受约束，应当以正直来约束他；太过正直的人大多刻板而不知变通，应当通过追求情趣而使个性变得通融些。

【赏析】

恃才傲物，这是有才气的人的通病。比如李白，“仰天大笑出门去，我辈岂是蓬蒿人”，“天生我材必有用，千金散尽还复来”，但最终还是“大道如青天，我独不得出”。为什么呢？这与统治者对他的埋没有关，也与他自己放浪纵恣的个性有关，使他的满腹才能没能用于报效国家。有才气的人行为常常疏放而不受约束，如果能辅以正直，脚踏实地，他的才华能够更好地发挥作用。而有些人生性正直，过于刻板而不知变通，既无法应付人生的多变性，也无法从生命中获得趣味。海瑞是个有名的清官，可他有个七岁的女儿，因为偷吃了别人一个饼，被他逼得活活饿死。这到底是正直还是迂腐呢？对于这样的人，我们要使他的心变得活泼些，让他多去接触种种变化的事物。否则，他的生命便会显得枯燥乏味。

疑善与信恶

闻人善[1]，则疑之；闻人恶[2]，则信之。此满腔杀机也[3]。

【注释】

①善：为善，做好事。

②恶：为恶，做坏事。

③满腔杀机：心态不平衡，胸中充满仇恨和恶念。

【译文】

听到别人做了好事，就怀疑他的动机；听到别人做了坏事，却深信不疑。这是心中充满仇恨和恶念的人才有的胸襟。

【赏析】

有的人活在世上，自己无所事事，却常常以恶意揣摩他人。听到别人做了好事，就怀疑他的动机；听到别人做了坏事，却深信不疑。这是因为他心中充满仇恨和恶念，听到别人做了好事他因嫉妒而怀疑，听到别人做了坏事他因幸灾乐祸而相信。清朝“扬州八怪”之一的郑板桥曾说：“以人为可爱，而我亦可爱矣；以人为可恶，而我亦可恶矣；东坡一生觉得世上没有不好的人，最是他好处。”传说苏东坡因受诬陷被判了死刑，晚上他却呼呼大睡，主审官见他如此，知道他心里无鬼，便释放了他。其实，生活就是一面镜子，你采取什么样的生活态度，你就会得到什么样的结果。心中充满恶念的人，他又会有什么好结果呢？陈毅云：“善有善报，恶有恶报；不是不报，时候未到。”

脱俗与合污

能脱俗便是奇[1]，不合污便是清[2]；处巧若拙[3]，处明若晦[4]，处动若静[5]。

【注释】

①脱俗：不落俗套。奇：奇特，不平凡。

②合污：指思想言行与恶劣的风气、污浊的世道混同。语出《孟子·尽心下》"同乎流俗，合乎污世"句。

③处巧若拙：处事巧妙却善于装愚守拙。

④处明若晦：即韬光晦迹，敛藏锋芒和才华。晦，隐藏，隐蔽。

⑤处动若静：处于动荡不安的环境，却能保持平静不乱的心态。

【译文】

能超凡脱俗便是不同凡响的表现，能不同流合污便是清正高洁的表现。处事巧妙，却能装愚守拙；位居高明之处，却善于韬光养晦；处于动荡不安的环境，却能心若止水。

【赏析】

所谓超凡脱俗，就是超越对自己名利的追求，活得坦荡而实在。当别人对名利耿耿于怀，梦寐以求的时候，你却拈花微笑，处变不惊。不同流合污，做起来是很难的，赵高指鹿为马，你不说是马，就有杀头的危险，更何况有人为巴结逢迎而投机取巧呢？处事巧妙，要装愚守拙，这是处世的艺术，能够保护好自己。位居高明之处，要韬光养晦，因为高明的人最容易招人嫉妒，如果恃才傲物，往往给自己带来麻烦。处于动荡不安的环境，要心若止水，静观其变，这样才能使我们弄清事情的真相，化险为夷。所谓“以不变应万变”，正是这个道理。处世的艺术来自于对生活的真切认识，心底无私天地宽，顺其自然的所作所为都是处世的艺术。

尽心与立命

士君子尽心利济[1]，使海内少他不得[2]，则天亦自然少他不得。即此便是立命[3]。

【注释】

①士君子：文化、道德修养颇高的读书人。利济：利人济世，为他人谋利益，为社会做贡献。

②海内：一国之内。

③立命：确立自己生命的价值和意义。

【译文】

一个有文化有修养的人，尽心尽力为他人谋取利益，使一国之内少不得他，那么，上天自然也不能没有他。达到了这种境界，他就实现了自己生命的价值。

【赏析】

古人认为，一个人的立命之本在于修身、齐家、治国、平天下。“修身”乃是“齐家、治国、平天下”的根本，一个人要成功，首先要养成良好的品德，树立远大的志向。人的生命非常短暂，要生活得有意义，就要像古代圣贤所提倡的那样，尽心尽力为他人谋取利益。人生自古谁无死，但要生得伟大，死得光荣，才实现了自己生命的价值。现实生活中，总有人过于追求物质的享受，贪图财利，猎求声名，反而被声色名利所累，没有办法真正享受到生命的乐趣。翻开历史的篇章，我们会发现尽心利济的人永远地被铭记在历史的丰碑上，而那些追求个人享乐的人却是“荒冢一堆草没了”。

读史与闲居

读史要耐讹字[1]，正如登山耐仄路[2]，踏雪耐危桥，闲居耐俗汉[3]，看花耐恶酒。此方得力。

【注释】

①耐：忍受得了。

②仄：狭窄难行。

③俗汉：世俗之人。

【译文】

读史书要忍受得了错字，就像登山忍受得了崎路，踏雪忍受得了危桥，闲暇忍受得了俗人，看花忍受得了劣酒。只有这样，才能真正进入史书的天地之中。

【赏析】

读史可以明智，但史书上的错讹是难免的，我们要能够忍受其错误。其实，生活中没有十全十美的事，美好与瑕疵相反相成，正因为有瑕疵，才会感觉到美好，没有瑕疵，又有什么美好可言呢？攀登高峰“一览众山小”，但要爬过崎岖不平的山间小道。踏雪寻梅，但要面临踏上危桥的危险。闲居之中，很可能是与俗人相处；赏花之时，很可能以劣酒为佐。能够忍受这些有瑕疵的地方，才能忘却烦恼，那么天下事没有什么不快乐的了。如果追求生活中没有一点瑕疵，那显然求之而不得，则人的一生就没有多少快乐可言了。“闭门即是深山，读书随处净土”，人生的美好与否都在于自己啊！

声色与利荣

声色娱情[①]，何若净几明窗，一生息顷[②]；利荣驰念[③]，何若名山胜景，一登临时[④]。

【注释】

①声色娱情：纵情女色歌舞。

②一生息顷：休息片刻。

③利荣驰念：追求利禄荣耀的心念奔腾不息。

④一登临时：登高望远之时。

【译文】

纵情于声色，不如在洁净的书桌和明亮的窗前，让自己得到宁静的快乐。为荣华富贵而意念纷驰，哪里比得上登临名山，欣赏胜景来得真实呢？

【赏析】

纵情于声色，一时得到感官和肉体的刺激，但刺激过后，"事如春梦了无痕”。那些已逝的往事如烟如梦，重新捕捉无处可寻，唯留给人无限的眷恋。声色的快乐是短暂易逝的，甚至还会给人带来长久的伤痛。因此，我们不如在洁净的书桌和明亮的窗前，让自己得到宁静的快乐。心灵的宁静，让我们充满着生活的喜悦，感受到生命的永恒。抛开了物欲名利的羁绊，我们还有什么不快乐的呢？人们对名利的追求没有止境，这山望着那山高，心驰神骛无休无止，有些人汲汲于名利，惶惶如丧家之犬，生活已毫无乐趣可言。当我们登临高山，接触到美丽的大自然时，我们的心灵会得到澄静，灵魂会得到净化。《旧约》云：“你本来源于尘土，你将安归于尘土。”只有大自然，才是我们最终的归宿。

空闲与快乐

若能行乐[①]，即今便好快活[②]。身上无病，心上无事，春鸟是笙歌[③]，春花是粉黛[④]。闲得一刻，即为一刻之乐，何必情欲，乃为乐耶？

【注释】

①行乐：及时行乐。

②即今：立即，马上。

③笙歌：乐曲。

④粉黛：本指女子搽脸的白粉与描眉的黛墨。这里比喻美人。

【译文】

若能及时行乐，立刻就可以找到快乐。身体没有生病，心中没有挂念，春天的鸟鸣就是美妙的乐曲，春天的花朵便是美丽的女人。能够得到一刻空闲，就能够享受到一刻的乐趣，何必要在纵情声色中寻找快乐呢？

【赏析】

人生的快乐多种多样，身体的健康无恙，心灵的无忧无虑，可使身心到达完美的和谐与平衡，这才是真正的快乐。对于一个懂得快乐的人，他会发现时时都是良辰，处处都有乐事；他不会刻意寻求感官的刺激和欲望的满足，而只求精神的愉悦。因为外在感官的享乐是短暂的，一时欲望的满足往往带来无穷无尽的痛苦。只有顺其自然，扫除物累，才能确保心灵的闲适自在、怡然自得，将持续的长久的快乐安放在我们的心中。

醉倒与忘怀

兴来醉倒落花前[①]，天地即为衾枕[②]；机息忘怀磐石上[③]，古今尽属蜉蝣[④]。

【注释】

①兴来：兴致勃发时。

②衾枕：被子和枕头。

③机息：心机平息。磐石：大石头。

④蜉蝣：一种生存期很短的昆虫。也作“浮蝣”、“蜉蝤”、“浮游”。

【译文】

来了兴致的时候，喝醉酒横卧于落花之前，把天当被褥把地当枕头。将所有心机都忘记在刚坐过的石头上，古往今来的纷扰看来都像蜉蝣的生命一般短暂。

【赏析】

万物有如落花一般，都会转瞬飘零，杳然无痕，了悟此点，如何能不对酒当歌、乘兴而醉呢？醉里拥抱乾坤，壶中囊括日月，以天地为衾枕，视古今如蜉蝣，这是何等豪放超迈的襟怀！栖息在大自然的怀抱中，可以让人放下心机，无挂无碍，自得自在。蜉蝣朝生暮死，人生何尝不是这样？古今的纷纷扰扰都会消失在时间的洪流中，个人的荣辱祸福都会湮没于历史的尘埃里。用尽心机，绞尽脑汁，锱铢必较，争来斗去，真是可怜亦可笑。何不坐于磐石之上，抛开妄念，摒除尘想，引壶觞以自醉，抱日月而酣眠？

烦恼与空花

烦恼之场，何种不有？以法眼照之[1]，奚啻蝎蹈空花[2]。

【注释】

①法眼：佛教指能认识到事物真相的眼力，泛指敏锐深邃的眼力。

②奚啻：何止，岂但。蝎蹈空花：蝎子踏附在虚幻的花上。

【译文】

在人间的烦恼场中，哪种烦恼没有呢？但是以佛的法眼来观察，这些烦恼与蝎子爬在虚幻的花上有何不同？

【赏析】

“法眼”是佛家认为的“五眼”之一。“五眼”即指肉眼、天眼、慧眼、法眼和佛眼。肉眼、天眼仅能见事物幻象，慧眼、法眼能洞见实象，而佛眼则无事不知、无所不见。一般人都是以“肉眼”看世界，看见的只是自己触摸得到的有限时空，往往虚妄不真。因为有限，所以执着，于是便产生许多欠缺的苦恼。但如果用“法眼”观察自我和世界，就能破除迷妄，洞悉本真。人生世间，因是非、得失、荣辱、祸福等引起诸多烦恼，但这一切烦恼就像蝎子攀爬在虚幻的花上一样。蝎子对虚幻的花，能有什么伤害呢？只要不执迷于表象，烦恼即无从产生。禅宗二祖慧可曾向达摩祖师说他的心不安，希望达摩祖师能使他的心静下来。达摩祖师叫他拿心来，才肯替他安心。慧可找了半天回答说：“觅心了不可得！”达摩祖师说：“与汝安心竟。”心都不可得，烦恼又从何来？有心才有烦恼，无心何来烦恼？

休去与了时

如今休去便休去[1]，若觅了时了无时[2]。

【注释】

①休去：休息。

②觅：寻找。了时：事情了结之时。

【译文】

如果现在有机会休息，你就马上去休息吧；如果想等到事情都了结了才去休息，那么你永远找不到事情了结的时候。

【赏析】

人的欲求是无穷无尽的，事物的发展变化也是没有止境的。一个为名利所羁而汲汲以求的人，一个为情爱所执而纠缠不休的人，很难真正静下心来，获得安宁和平静。因为他的心不会停止追求，总会陷入欲罢不能的苦恼中。这样的人肯定是至死方休、至死方了。如果这样，终其一生，只能在欲海里作无望的挣扎。所以，人要善待自己，学会舍弃某些东西，当断则断，当止则止，不要过于执着。事情不会自己结束，如果你的心不肯停止，就永远不要指望在你生命的季节里遇上春花秋月，在你生命的天空中出现蓝天白云。佛家有云："过去事，丢掉一节是一节；现在事，了去一节是一节；未来事，省去一节是一节。"对有些事摆脱了，也许反而会在有所欠缺的世界里找到圆满。

意适与梦趣

上高山，入深林，穷回溪[1]幽泉怪石，无远不到[2]。到则拂草而坐[3]，倾壶而醉；醉则更相枕藉以卧[4]，意亦甚适，梦亦同趣。

【注释】

①穷回溪：走尽回旋曲折的小溪。穷，尽。回，曲折。

②无远：无论多远。

③拂草：掸去草上的灰尘。

④枕藉：交错地躺在一起。

【译文】

登上高山，进入深林，沿着回旋曲折的小溪走到尽头，凡有幽美的泉水和奇怪的岩石之处，不论多远都要前去看它一看。到了目的地，坐在草地上，倒出壶中的酒，一醉方休；然后就互以身体为枕酣然大睡，此时的心情甚为愉快，连做梦都有相同的情趣。

【赏析】

此段文字见于柳宗元《始得西山宴游记》。柳宗元写这篇文章时，正是官场失意被贬至永州之时。寄情山水是宦海遇挫的古代士大夫们的一种普遍的栖息身心的方式，也是凡夫俗子找寻卑微的快乐的最便捷的途径。入幽谷深林，观清溪，听鸣泉，赏奇石，或醉卧草地，或吟诗山间，物我两忘，尘念俱空，不亦乐乎？大自然是最美的情人，是最知心的朋友，也是最睿智的导师，可以向她倾诉烦恼、诉说痛苦，也可以从她那里聆听无言的教诲、得到深刻的启迪，充分感受到那份难以言说的喜悦。

慧眼与静心

业净六根成慧眼[①]，身无一物到茅庵[②]。

【注释】

①业：罪业。六根：佛教指眼、耳、鼻、舌、身、意。认为这六者是罪孽之根源，并认为只有做到这六根清净，才能做到罪业清净。慧眼：原是佛教用语，指能认识到过去未来的眼力。这里泛指敏锐的眼力。

②茅庵：用茅草搭成的小庙。庵，特指僧尼奉佛的小庙。

【译文】

一个人一旦罪业清净，他的眼、耳、鼻、舌、身、意都将成为观照世间万物的慧眼。一个人一旦身上没有任何事物的拖累，他的内心就会像住在深山的茅庵中修行一般宁静。

【赏析】

佛家认为每一个人过去都有无数世的生命，每一世的生命都造成了各种不同的罪业，其产生的根源是因六根不净。只有诚心忏悔，清净身、口、意“三业”，戒除贪、痴、嗔“三毒”，洞悉一切皆是幻心幻象，才能达到“业净”。业净六根成慧眼，是说当我们陷于迷妄之时，好像在梦中做了各种罪业；当我们一旦了悟到本心的清净时，就好像醒来发现梦中的所见、所闻、所嗅、所尝、所触、所想皆为虚妄，俱是幻心所生。如果有此觉悟，就会具备洞察过去、未来的“慧眼”，进而看破红尘，摆脱一切物累。

微粒与天地

茅帘外[1]，忽闻犬吠鸡鸣[2]，恍似云中世界[3]。
竹窗下，惟有蝉吟鹊噪，方知静里乾坤[4]。

【注释】

①茅帘：用茅草编结成的门帘。

②犬吠：狗叫。

③恍：模糊不清。云中世界：指远离尘世、高远空旷的境界。

④静里乾坤：宁静祥和的天地。

【译文】

茅草编织的门帘外，忽然传来几声犬吠鸡鸣，让人感觉好像到了远离尘世的高远之处。竹窗之下，只能听到蝉鸣鹊叫，让人感受到寂静中的天地原来如此广大。

【赏析】

西人布莱克有诗云："一粒沙中见到世界，一朵花中见到天堂。从手心里了解无限，从一瞬间知道永恒。"一个人见到的世界是何情景，完全存乎一心。一个人在喧嚣的俗务中羁留久了，常常会产生逃离尘世的念头，渴望获得一种内心的宁静。实际上宁静的获得并不需要到林泉之下刻意寻求。心远地自偏，心静天自阔，对于一个襟怀淡泊、摆脱眼前俗务的人，哪怕他在鸡鸣犬吠中，也会感到仿佛置身于云中世界；哪怕他在蝉鸣鹊噪里，也能感到静中乾坤无限。因为意到心随，境随人意。一个人如果心思拘束、目光短浅、俗念缠身，即使外境再宁静，也不会体会到静的神韵，感受到世界的高远辽阔、天地的宁静祥和。“乾坤由我静，名利任人忙。”只有自身气象高旷、襟怀洒脱，无尽的世界才会像花朵绽放一般，展现在我们面前。

山泽与异士

山泽未必有异士[1]，异士未必在山泽。

【注释】

①山泽：山林里，湖泽边。异士：才能出众的人。

【译文】

山林中河谷旁，不一定住有才能出众的人；才能出众的人，也不一定住在山林中河谷旁。

【赏析】

仁者乐山，智者乐水。山林泽畔可以使人的心境变得宁静，对生命的观照就更为澄澈。古代许多智者隐居在山林之中，也许就是这个缘故。但隐居山林的人，未必个个都是卓立独行的特异之辈。这其中往往不乏自命清高、欺世盗名之辈，或是“身在湖海，心怀魏阙”的假隐士。像这类人，怎能真正称作奇特超凡的“异士”呢？真正智慧深刻、修养深厚的人，即使居住在尘嚣闹市里，生活在芸芸众生中，也能拥有宁静的心境。他既能为自己的生命作反省，同时也能为众人的生命作反省；他的智慧不但可以解决自己的问题，也可以帮助解决众人的问题。这种人混迹于人群中却如鹤之在鸡群，悠游于世俗间却如松之在绝巅。这样的人才可称得上是真正的“异士”。

可爱与可恶

天下可爱的人[①]，都是可怜人[②]；天下可恶的人[③]，都是可惜人[④]。

【注释】

①可爱：值得去爱。

②可怜：值得同情。

③可恶：值得厌恶。

④可惜：令人惋惜。

【译文】

天下值得去爱的人，往往是令人同情的人；而那些值得厌恶的人，却常常是令人痛惜的人。

【赏析】

“为善的受贫穷更命短，造恶的享富贵又寿延。”现实中善有善报、恶有恶报的因果报应律往往看似并不起作用。那些天性善良、正直勇敢的人由于不愿迎合世俗去追逐名利，为维护正义他们宁为玉碎不为瓦全，往往很容易受到伤害，有时还落得境况窘迫，甚至招致命运很悲惨的结局。他们的不幸遭遇令人扼腕叹息，令人同情；他们的高洁品德可钦可佩，他们的崇高人格可敬可爱。他们总是更多地受到人们的尊敬和怀念。这样这些可爱的可怜之人实际上受到“善报”。而那些在世上肆意妄为、为非作歹的恶人，也许在一个非正义的社会中不会受到法律的制裁和惩罚，他们的恶行有时候能够得逞，但由于他们丧失人性中最美好的东西——良心，不管他们一时是怎样的风光，最终只会受到人们的鄙弃和厌恶。他们像失去灵魂的行尸走肉苟活在世上，体会不到人间的真情、真爱，也感受不到为善的快乐。这些可恶之人等于丧失了人之为人的本质，这难道不让人为之痛惜吗？

不辩与不逼

事有急之不白者[1]，宽之或自明[2]，毋躁急以速其忿[3]。人有操之不从者[4]，纵之或自化[5]，毋操切以益其顽[6]。

【注释】

①不白者：不能辩白的事。

②或：或许。自明：自然而然真相大白。

③速其忿：使他更加愤怒。

④操之：操之过急。

⑤纵：放纵。自化：自然而然得到化解。

⑥益其顽：使他的顽固加剧。

【译文】

当事情紧急却又不能辩白时，不妨宽缓下来听其自然，也许这件事会慢慢得到澄清；不要急于辩解，否则会使人更加气愤。当有人因操之过急却不听劝告时，不妨稍加放纵听其自便，或许他自己会逐渐改正；不要强迫他遵从，否则会使他更为顽劣。

【赏析】

常言道：欲速则不达。人与人交往，难免有时会产生误会，尤其是在事情紧急时，因为无法一一加以说明，也许就因此而蒙受不白之冤。有时误会并非解释就可以澄清的，往往越解释让人越不相信。所幸人心虽然容易做出主观判断，但事情却是客观的，随着时间的推移，总会有水落石出、真相大白的一天。“邻人亡斧”即此类也。这里最重要的是不要操之过急，要平心静气面对事情。只要自身胸怀磊落，还怕别人误解吗？有些人性情急躁，容易固执己见，做错事时怎么劝，他都不听；强迫他听从，他反而变本加厉。其实，人都有自我反省的能力，当他碰了壁，付出了代价的时候，他会变得服服帖帖。何况有些人只是一时羞于承认自己的错误，并非真的顽劣不堪，只要给他一点时间，让他有机会自我认识、自我改正，效果比强行劝阻有时要好得多。

比上与比下

人只把不如我者较量[1]，则自知足。

【注释】

①较量：比较、权衡。

【译文】

人们只要和境况不如自己的人比较一下，自然就会知足了。

【赏析】

有个故事说：有个人在路上徒步而行，看到前面有坐轿的、骑马的，顿时愤愤不平；但他往后一瞧，看见后面还有挑担的、推车的，于是不满之情全消，甚至变得有些得意起来。人的不知足，往往由比较而来；同样地，人要知足，也可以由比较得到。如果能常常想一想境遇不如自己的人，烦恼也许会由此消除，不平之心也许会因此安宁。古人说："要足何时足，知足便足。"人的欲望是难以满足的，如果拿自己与那些境遇优于自己的人相比较，会生出更大的痛苦。有时不妨采取"退一步思维"的方法，想想自己"比下有余"，满足感可能会多一些。但是，这也不是一个根治不知足心理的方法，因为，知足常乐的人还是很少的。

求俭与安贫

俭为贤德[①]，不可着意求贤[②]；贫是美称，只在难居其美[③]。

【注释】

①俭：节俭，俭朴。贤德：良好的品德。

②着意求贤：刻意追求贤良的名声。

③难居其美：很难有人总保持安贫的美誉。

【译文】

节俭是贤良的美德，但是不可刻意去追求这种名声；安贫是美好的称誉，只是很少有人能一直保持安贫乐道的心态。

【赏析】

孔子云："奢则不逊俭则固，与其不逊也宁固。"节俭向来被视为一种美德。但过犹不及，如果过于节俭而变得吝啬，或是为了博得节俭的名声而苛待自己和他人，就完全失去节俭的本意了。俭也是一种经济的观念，也就是“将最少的物资，作最大的利用”。节俭和吝啬是不同的。自奉要约，待人要丰；节俭而不吝啬，慷慨而不铺张，这也许是对财富的一种比较可取的态度。古人对安贫乐道是很称赞的。《论语》载颜回“一箪食，一瓢饮，在陋巷”“而不改其乐”，被人称赞了几千年。像颜回这样有志于道、淡泊名利的贤者也许能安于贫穷，而对一般人来讲只能是痛苦不堪。在多数现代人看来，“安贫乐道”是无能、无为者的遁辞，只有消极意义。不错，乐道未必就贫，贫也未必有道；福者未必无道，无道者未必福。在讲求效率和功利的现代社会，人们所追求的恐怕更应该是“福而乐道”吧？

钟声与月影

听静夜之钟声，唤醒梦中之梦①；观澄潭之月影②，窥见身外之身③。

【注释】

①梦中之梦：旧有“人生如梦”的感叹，而人生中又有许多令人迷惑不解的事情，这就是“梦中之梦”。

②澄潭：清澈的潭水。

③身外之身：有人认为人的躯体之外还有一个能够自由思想的自我存在，这就是“身外之身”。

【译文】

寂静的夜晚聆听远处传来的钟声，生命中的种种迷惘都被唤醒了；静观澄澈潭水之中的月影，仿佛窥见了超越身躯的真实自我。

【赏析】

从无边无际、无始无终的宇宙时空来看，人类生命的存续也许只是绵延无尽的链条中的可以忽略不计的一环，而个体生命更是这环上微不足道的一点。放置在宏阔广远的无限时空中，人类文明的演进不过是人类所做的一场梦，个体生命的存在则又是梦中之梦。当夜阑人静之时，聆听子夜的钟声，往往能使人有所悟达，觉察到生命中无论多大的喜怒哀乐、有多少成败得失、有多深的爱恨情仇，都不过是梦中之梦，何必苦苦执着而不忍割舍呢？明月在佛经中常为实象的象征，是一种难以言说、难以表达的实像。所谓的身外之身，乃是指我们每一个人的此生此世只是相对的存在，在某处还有一绝对的真实本体、真实自我。这真实本体，并不在我们之外，却也不拘限在肉身之内，没有任何语言可以表达它，我们也无法以相对的感官意识去揣度它。时空对它而言，只不过是幻想，倘若我们能认证了它，它就是宇宙无穷奥秘的解答。无数的智者依此超越了生死与永恒刹那间的界限，我们是否有这种意愿和勇气，超越生死的迷惑、寻求永恒的觉悟？

生死与名利

打透生死关[①],生来也罢,死来也罢。参破名利场[②],得了也好,失了也好。

【注释】

①打透生死关:将生存和死亡之间的界限领悟透彻了。
②参破名利场:将名利场上的争逐彻底看破了。

【译文】

看透了生与死的界限,活着就能活得自在,死去也能死得安然。看破了名利的虚妄,就会感觉名利得到了自然好,但失去了也没关系。

【赏析】

在道家看来,生死乃一种自然现象,“生乃时也,死乃顺也”,有“夜旦之常”,根本用不着乐生忧死。道家“打透生死关”在庄子那里就是

“妻死鼓盆而歌”。对佛家来说,“打透生死关”就是超越生死之见,体悟到不生不灭的本性。《楞严经》中,讲到超越生死的方法。这就是由耳根超越能闻所闻的对待,达到忘掉觉知与所觉知的对待,进入一种空的境界。再把这能空所空的对待也破除掉,便达到了所谓“生灭既灭,寂灭现前”的程度。但是,这并非空无,而是“忽然超出世间,十方圆明”。到了此种境界,即是佛家所说的见到自己不生不灭的本来面目,此时便无生死可言,这便是“打透生死关”了。名利亦是如此。尽管“天下熙熙,皆为利来;天下攘攘,皆为利往”,但最终争来斗去的不过是蜗角名利。生死都属虚妄,何况寄附于生死的名利呢?只有看破名利的虚妄性,才会对得失不再萦怀。只是芸芸众生,能坦然面对生死的人很少,能超越名利的更少。

作诗与据典

作诗能把眼前光景、胸中情趣一笔写出，便是作手[1]，不必说唐说宋[2]。

【注释】

①作手：作诗高手。

②说唐说宋：引经据典。

【译文】

写诗的人如果能把眼前所看到的情景，以及胸中的情意趣味，用笔表达出来，便是作诗的好手，不必引经据典，说唐道宋。

【赏析】

“池塘生春草，园柳变鸣禽”、“感时花溅泪，恨别鸟惊心”之类的佳句，或是即事写景，或是直抒胸臆，不着痕迹地将主观情感与客观意象融合得天衣无缝，真让人拍案叫绝。写出这样诗的人才称得上是真正的“作手”。王国维说：“客观之诗人，不可不多阅世；阅世愈深，则材料愈丰富，愈变化，《水浒传》、《红楼梦》之作者是也。主观之诗人，不必多阅世；阅世愈浅，则性情愈真，李后主是也。”但不管是客观之诗人，或主观之诗人，都必须具备横溢的才华，即所谓“诗有别才，非关书也”。如能将眼前之景和胸中之情酣畅淋漓地表达出来，就是个写诗的好手。否则即使引经据典，“无一字无来处”，写出来的诗也未必是好诗。

隐逸与道义

隐逸林中无荣辱[1],道义路上无炎凉[2]。

【注释】

①隐逸:隐居。

②道义:道德和正义。炎凉:热和冷。比喻对待地位不同的人或者亲热攀附,或者冷淡疏远。

【译文】

在隐居的生活中,避免了世俗生活的荣华或耻辱;在选择道义的路上,也没有人情的冷暖可言。

【赏析】

“心”是荣辱的关键。“有心”于荣辱,荣辱处处在;“无心”于荣辱,荣辱处处无。能心甘情愿隐居山林的人,已经放弃了对世间荣华富贵的追逐,不再执著世间的名利是非,名利荣辱自然皆不会到来。如能做到像庄子所说的“举世誉之而不加劝,举世非之而不加沮。定乎内外之分,辨乎荣誉之境”,还有什么荣辱可言呢?只是世上大多是身隐而心不逸者,真正超脱荣辱者少。“求仁得仁又何怨?”对于一个追求道义的人,既然选择了道义,就意味着选择了一条坎坷崎岖、充满艰险的路,必须抱着“我不入地狱谁入地狱”的精神,以极大的勇气和决心全身投入。至于世态炎凉、人情冷暖,是无暇顾及也不能顾及的。

经书与佛性

皮囊速坏[①]，神识常存[②]，杀万命以养皮囊，罪卒归于神识[③]。佛性无边[④]，经书有限，穷万卷以求佛性，得不属于经书。

【注释】

①皮囊：佛教称人的躯体为皮囊。

②神识：佛教指人的第八识“阿赖耶识”，又称“能藏识”，认为它能将人们的身、口、意三业保存，使人们不停在六道中轮回，承受种种善恶报应。

③卒：最终。

④佛性：佛教指人的觉悟之性。

【译文】

我们的身体很快就会朽坏，但是，阿赖耶识之中的业债却始终还不清。宰杀动物养活臭皮囊的业债，将全部藏纳到阿赖耶识中，使我们将来受报应。我们的觉悟本性是无边无际的，而经书中写的只不过是一些有限的文字而已，穷究万卷的经书来求佛性，一旦得到便会发现，经书只是方法而不是佛性的本身。

【赏析】

佛家讲十二因缘，说人最初因困惑迷乱（一念无明），而在行为上造了种种的“业”。这些“业”藏在我们的“神识”中，使人因这个受染的“神识”而投胎，然后产生了色、受、想、行、识“五蕴”及眼、耳、鼻、舌、身、意“六根”。出胎之后，便对色声香味以及思想产生相对执着，而有苦乐的感受和自我意识。又因为苦乐而产生爱欲和贪求，厌恶恶境，执着乐境。这些经验和记忆，都藏在能储存印象的“神识”中。我们研读佛经的目的就是要通过其中的文字，去认取超越生死缠缚、转识成智的方法。但是，这无上的智慧，并不能凭我们的意识去认取。一旦我们求证到本来清净的佛性，我们便明白经书的文字，只是指导我们认证实象的手段，而非实象的本体。抛开佛理不谈，这里至少能给我们两点启示：一是要学会敬畏生命，培养万物平等的观念；二是要学会“从无字句处读书”，善于从日常生活中领悟人生的道理。

闻谤与见誉

闻谤而怒者,谗之隙[1];见誉而喜者,佞之媒[2]。

【注释】

①谗之隙:谗言乘隙而入的机会。

②佞之媒:谄媚之言发生的媒介。

【译文】

听到毁谤的言语就勃然大怒的人,谗言就会乘虚而入;听到赞美的言语就沾沾自喜的人,谄媚的人就会乘机靠近。

【赏析】

良药苦口,忠言逆耳,人们往往听到批评自己的话就不高兴,这本身是人心中难以避免的弱点,一般来说不会产生很大的危害。但对一个身居高位的人来说,如果听到毁谤言语不先探究虚实就大发雷霆,身边卑鄙的小人就会乘机进谗言,造谣中伤那些敢于直谏的人。历史上因此而覆国亡身的事例还真不少。大部分人都喜欢听别人赞美自己,但是如果赞美的是事实,只是自身的价值得到了别人的承认,没什么值得特别高兴的;假如所赞美的话超过事实,这就是溢美之辞,因为别人虚假的言语而晕头转向、沾沾自喜,就很糟糕了。俗话说:苍蝇爱叮有缝的蛋。别人一旦知道你有此癖好,就会来个"投其所好",溜须拍马,谄媚逢迎,骗得你团团转。因此,喜欢听虚假的话的人,是很少不受人愚弄的。

胜我与胜人

人胜我无害[1]，彼无蓄怨之心[2]；我胜人非福，恐有不测之祸[3]。

【注释】

①无害：没有坏处。

②蓄怨：积压内心的怨恨。

③不测：无法预测。

【译文】

他人胜过我，对我并没有什么害处，因为这样别人便不会在心中积下对我的妒恨。我胜过他人，并不见得是福气，因为这样恐怕会招致意想不到的灾祸。

【赏析】

俗话说：枪打出头鸟。古人亦云："步步占先者，必有人以挤之；事事争胜者，必有人以挫之。”好胜心理总潜藏在人们的心中，如果一个人太冒尖，在各方面胜过别人，就容易遭到他人的嫉妒和攻击，招来不测之祸。所以很多人便走中庸之道：既不落人后，也不居人先。但是如果人人都“不敢为天下先”，都不去争，个人潜力的充分开掘、自我价值的最大实现又何从谈起？社会的发展进步又如何成为可能？所以我们主张：要与人争，且要光明正大地争；更要与自己争，不断地超越我们自己。同时为保存实力，避免遭人报复或暗算，有时不妨韬光养晦、收敛锋芒，做到有所争，也有所不争。

闭门与读书

闭门即是深山，读书随处净土[1]。

【注释】

①净土：佛教认为佛、菩萨等居住的世界没有尘世的污染，所以叫净土。泛指没有受到污染的干净之处和没有受到干扰的清静之所。

【译文】

只要关起门来，就会感到生活与隐居在深山之中没有两样；只要静下心来读书，就会觉得处处都是净土。

【赏析】

将门关上，把尘俗挡在外面，那种感觉，就像住在深山一般。实际上深山不在远处，而在于我们如何处理自己的时空。只要心净无染，哪怕身在闹市，也犹如栖于林下一般，又何须将那有形的门关上呢？如果尘念填胸，即便居于深山密林之中，又怎能享受那林中之趣？真正的得道之人，处处都是深山，处处都是乐土。读书可以让人远离是非争斗，免除各种烦恼；可以让人戒除浮躁的心理，变得澄澈宁静；可以净化人的灵魂，提升人的生存境界；可以让人有所觉解，悟达安身立命的道理。“养生莫善寡欲，至乐无如读书。”沉浸在书中，我们便能使感官和意识不再与外界相勾连，我们的心灵便能产生一种宁静的喜悦，面对世间的繁华和世俗的喧嚣能够心如止水，从而达到一种清明的状态。当这种境界稳固之后，我们面对任何事物，都能以一种清净无染的思维去处理，不会受任何外在的干扰，而始终保持着心中一片明澈的净土。

凡人与圣人

欲见圣人气象[1]，须于自己胸中洁净时观之[2]。

【注释】

①圣人气象：圣贤通达之人的气度胸襟。

②胸中洁净：心中没有杂念，没有偏见。

【译文】

想要领悟圣人的胸襟气度，必须在自己内心一尘不染的时候才能观察得到。

【赏析】

古人云："无欲之谓圣，寡欲之谓贤，多欲之谓凡，徇欲之谓狂。"圣人就是那种通情达理、心气平和，学问、道德、文章、气度、襟怀都超越常人的人。但从本质上讲，圣人也是人，与凡人并没有多大的区别。孟子说："人皆可以为尧舜。"释迦牟尼说：人皆有佛性。可见每一个人都有成为圣人和佛的可能。只是我们能否静下心来观照自己的生命。圣人的本性和凡人的本性是相通的，圣人就像金矿中已提炼出来的金子，而凡人则是包容着许多杂质的矿物。倘若我们要想像圣人一样成为珍贵的金子，就必须把心性中的杂质除去。只要我们自己能够做到，便能由此而改善他人。禅宗慧经禅师有一首偈是这样说的："清清净净一灵光，刹刹尘尘不覆藏，万万千千都失觉，多多少少弗思量，明明白白无生死，去去来来不断常，是是非非如昨梦，真真实实快承当。"如果能做到这样，凡人离圣人就不远了。

成名与败事

成名每在穷苦日，败事多因得志时。

【译文】

一个人往往是在过穷苦日子的时候成就功名，在志得意满的时候遭遇失败。

【赏析】

孟子有言："生于忧患，死于安乐。"人在困穷愁苦之中，往往容易立志向上、奋发图强。因为，困难的境况能从反面刺激、勉励自己，进而使人通过不断的努力来充实自己、改变自己、提升自己。就像种子在黑暗的泥土中，为了沐浴在煦暖的阳光之中，总会不断地吸收养分拼命往上钻。终有一天，它会冲破泥土，发芽抽枝，开出美丽的花朵。然而，人在成名之后，往往容易志得意满，丧失时乖运蹇时那股冲劲和韧劲。再加上成功之后，外界增加的许多引诱使人的心志、能量不断向外耗散，最终也会被大量地消解。此外，一个人在成功之后，如果不懂得收敛锋芒，过于招摇、炫耀，总会遭人嫉恨，结果招致失败。

让利与让名

让利精于取利[1],逃名巧于邀名[2]。

【注释】

①让利:将利益让给别人。精:精明、明智。

②逃名:逃避功名。巧:聪明。邀名:邀取功名。

【译文】

对于利益,谦让比争取更为明智;对于声名,逃避比邀取更为聪明。

【赏析】

老子曰:"既已为人,己愈有;既已与人,己愈多。"与人交往或共事,因利益的分割往往容易引起争执。每个人都想争得更多的利益,但也因此而丧失做人的立场、人格,或损害友谊与合作关系。最明智的做法,应该是宁可少得一些利益,也不要伤了彼此的友谊与和气,丧失了自己的人格和原则。利字旁边一把刀,可能伤害自己,也可能伤害他人。争名逐利者,应引以为戒。名声往往使一个人容易成为众目睽睽的中心。而众人的眼光有时就像一条条无形的绳索,将一个人牢牢地捆住,进而掠夺他的自由。因此,明智的人逃避名声,就好像自由的禽鸟逃避猎枪和罗网一样;否则,一旦被捕获,就失去自由自在的生活了。故庄子情愿以卖草鞋为生,像小猪一样在污泥浊水中打滚,也不愿穿上锦绣衣裳而像牲牛一样被供在庙堂上。

求福与安祸

过分求福，适以速祸[1]；安分速祸，将自得福。

【注释】

①适：恰恰。速祸：加速祸患的降临。

【译文】

过分地追求福禄，恰恰会加速祸事的降临；安然地面对突如其来的灾祸，结果自然会逢凶化吉。

【赏析】

祸常常存在于人的过分贪求之中，而福往往存在于人的安分守己之中。比如吹一个气球，吹得过胀，它就会爆炸；能适可而止，它才冉冉飘升。俗语说：欲速则不达。因此，一个人如果过分求福，不仅连原有的福分都会失去，有时还会招来更大的祸害。趋利避害是人的本性，但利与害常常结伴而行。对于突发的灾祸，我们不要太过分惊慌，就像走在危桥之上，如果惊慌失措而手忙脚乱，很可能就会掉进万丈深渊之中。若能保持镇静，或许能化险为夷，甚至因祸得福。"祸兮，福之所倚；福兮，祸之所伏。"福祸的转化，又有多少人能自主地控制呢？但我们至少要知道适可而止，安分守己。

读书与学理

看书只要理路通透①，不可拘泥旧说②，更不可附会新说③。

【注释】

①理路通透：总结归纳其中的道理，使之融会贯通。

②拘泥旧说：受现存学说的限制，不知变通。

③附会新说：把没有关系的事物说成有关系，把没有某种意义的事物说成有某种意义。

【译文】

读书贵在将书中的道理融会贯通，不可受旧学说的限制而不知变通，也不可对新学说还未了解就盲目信从。

【赏析】

书是人类运用心灵观察外界种种现象，进而对人自身以及人类整体反省的记录。各种书籍和学说，从根本上讲，其目的就是为了改善人的个体或人类整体的生活与生命。但是，任何学说都只具有相对真理的意义。也就是说，随着世异时移，它可能不再适用于人类。同时，这些学说可能有错误，而对人类本身造成无可弥补的伤害。所以古人说：尽信书，不如无书。旧说不一定可信，新说也不一定可靠。新旧的区分与道理的真假并没必然的关系。也许在旧学说中，我们会发现人性中比较基本而长久的东西，而遵循新学说有时反而会把我们带到暗无天日的丛林。因此，我们既不要拘泥于旧说，也不要盲从新说。只要书中的道理经得起时间和实践的考验，这样的书就是好书；只要我们善于从书中发现问题，并从中找到解决问题的途径，这就是一种理性的读书方法。

琴趣与弦音

对棋不若观棋[1]，观棋不若弹瑟，弹瑟不若听琴。古云："但识琴中趣，何劳弦上音。"斯言信然[2]。

【注释】

①对棋：与人下棋。不若：不如。

②斯言信然：这话确实可信。

【译文】

与人下棋不如看人下棋，看人下棋不如自己弹瑟，自己弹瑟不如听人弹琴。古人说："只要能够体会出琴中的趣味，何必一定要有琴声呢？"这句话是很有道理的。

【赏析】

当局者迷，旁观者清。与人下棋，难免有杀伐之气和得失之心，不如在一旁观棋；但在一旁观棋时，又想指点迷津，絮絮叨叨惹人讨厌，不如自己去弹琴；但琴音凄切，弹来寂寞，倒不如听人弹琴。琴乐的境界是"无尽"、"无限"的，以最少的声音物质来表现最丰富的精神内涵，所以琴音声淡、声希，琴意得之于弦外，正是言有尽而意无穷。陶渊明之"但识琴中趣，何劳弦上音"，正是将琴乐之重意、重弦外之音的思想推至穷极的哲学思维。只要懂得生命的真实内涵，一切都能了然于胸。

假戏与真戏

伶人代古人语[1]，代古人笑，代古人愤，今文人为文似之[2]；伶人登台肖古人[3]，下台还伶人，今文人为文又似之。假令古人见今文人，当何如愤，何如笑，何如语。

【注释】

①伶人：旧称乐官、演员为伶人。

②为文：写文章。

③肖：类似、相似。

【译文】

戏子演戏时，模仿古人说话，模仿古人发笑，模仿古人发怒；当今的读书人写文章时也是如此。戏子在戏台上很像古人，一下戏台又恢复戏子的身份；现在的读书人写文章又和这点相似。假使让古人见到现在的文人，真不知他们要如何生气，如何发笑，如何讲话了。

【赏析】

读书人写文章，既要模仿，又要创新。唐代韩愈、柳宗元等人发起过一个古文运动，提倡学习先秦古人朴实的文风，认为文章应以内容为重，“言必近真，不尚雕彩”。明代前后七子的古文运动，主张“文必秦汉，诗必盛唐”，认为秦汉文气势充沛，内容充实，实为文章之典范；

而唐诗雅正庄重，气韵饱和，实为诗作之正格。吸取古人在创作上的宝贵经验，这是很有必要的，但一味模仿，缺乏创新，那文学创作就永远也不会进步。韩愈云："李杜文章在，光焰万丈长。"清赵翼云："李杜诗篇万口传，至今已觉不新鲜。江山代有才人出，各领风骚数百年。"读书人写文章一味模仿，这和戏子模仿古人又有何异呢？

济物与济人

士君子贫不能济物者[1]，遇人痴迷处[2]，出一言提醒之，遇人急难处，出一言解救之，亦是无量功德[3]。

【注释】

①济物：以物质接济他人。

②痴迷：糊涂迷惑，不知醒悟。

③功德：不可估量的功劳和恩德。

【译文】

读书人贫穷而不能在物质上接济他人，但当他人遇事糊涂迷惑时能用言语点醒他，或是他人遇到危难之时能用言语解救他，这也是不可估量的善事和美德。

【赏析】

富兰克林说过："最能施惠于朋友的，往往不是金钱或一切物质上的接济，而是那些亲切的态度，欢悦的谈话，同情的流露和纯真的赞美。"一掷千金，在物质上接济他人，这是富者所为，当然是值得提倡的。但是读书人在言语和智慧上，却可以贡献给别人无尽的宝藏。读书人在物质上也许并不富足，但是，在心灵上应该较一般人更为明智。他应该在生活和生命的智慧上，让自己成为一座灯塔，帮助众人过更和谐圆满的生活。

余日与余时

夜者日之余[1]，雨者月之余，冬者岁之余。当此三余，人事稍疏[2]，正可一意学问[3]。

【注释】

①余：剩余的时光。

②人事稍疏：人事交往比较稀少。

③一意：专心。

【译文】

夜晚是一天所剩余的时光，雨天是一月所剩余的时光，冬天是一年所剩余的时光。在这三种剩余的时间里，人事交往较为稀疏，正好用来专心读书。

【赏析】

尘世喧嚣，人们为了生活劳苦奔波，很少有闲暇静下心来读书。那么在神朗气清的夜晚，在淅淅沥沥的雨天，在寒风凛冽的冬季，都可以潜心读书，因为在这些时候人们往往心灵澄静，心无旁骛，较少受名利思想的熏染。一个热爱读书的人，更会以夜晚、雨天、冬日为美好的时光，尽情在知识的海洋里遨游。而不得读书之乐的人，夜晚感到无聊，雨天觉得烦躁，冬日觉得枯燥，往往辜负了这读书的大好时光。当然，一个真正爱读书的人，无论何时何地都会潜心读书，“闭门即是深山，读书随处净土”。

简傲与刻薄

简傲不可谓高[1]，谄谀不可谓谦[2]；刻薄不可谓严明[3]，苛酷不可谓宽大[4]。

【注释】

①简傲：轻浮傲慢。高：高明。

②谄谀：用卑贱的态度向人讨好。谦：谦让。

③刻薄：（待人、说话）冷酷无情，过分地苛求。严明：严肃而公正。

④苛酷：苟且放任。宽大：宽宏大量。

【译文】

不可把轻忽傲慢视为高明，不可将阿谀谄媚视为谦逊；待人苛刻不能称之为严明，待人苟且放任不能称之为宽宏。

【赏析】

人的德性有高下之分，而表现形式又各不相同，对此不可以不明察。有的人目空一切，这是狂妄自大的表现，并不是遗世独立的高明；有的人花言巧语，这是巴结逢迎的表现，并不是诚挚谨慎的谦虚。人的高明在于内涵，而不在于外表，真正有内涵的人，绝不轻忽傲慢；人的谦虚出于真诚，而不出于假意，真正谦虚的人，并不对人阿谀奉承。有人误把待人苛刻当做严明，把待人苟且放任称之为宽宏。实际上严明中有宽宏，宽宏中有严明。待人苛刻，这是刻薄的表现；待人苟且放任，这是迁就的表现，都不能反映严明和宽宏的实质。

运笔与运思

画家之妙，皆在运笔之先[1]；运思之际[2]，一经点染[3]，便减神机[4]。长于笔者[5]，文章即如言语；长于舌者，言语即成文章。昔人谓丹青乃无言之诗[6]，诗句乃有言之画。余则欲丹青似诗，诗句无言，方许各臻妙境[7]。

【注释】

①运笔：动笔。

②运思：运用心思。

③点染：玷污，产生杂念。

④神机：神妙的灵感。

⑤长：擅长。

⑥丹青：图画。

⑦臻：达到。

【译文】

画家构思的巧妙之处，全体现在下笔之前。此时如有一点杂念，灵感便受到减损。善于写文章的人，他的文章便是最美妙的言语；善于讲话的人，所讲的话便是最美好的篇章。古人说，画是无声的诗，诗是有声的画。我则希望最好的画就像诗歌，而最好的诗歌却不用任何言语来表达，只有这样，画和诗才算是达到了各自神妙而完善的境界。

【赏析】

“胸有成竹”这一成语出自文与可的故事，说他在画竹子之前，心中先有一个他要画的竹子的大概形象。郑板桥曾说：“江馆清秋，晨起看竹，烟光日影露气，皆浮动于疏枝密叶之间。胸中勃勃遂有画意。其实胸中之竹，并不是眼中之竹也。因而磨墨展纸，落笔倏作变相，手中之竹又不是胸中之竹也。”所以，画家在绘画之前，必先沉思静虑，默想要表现的心灵世界，然后才能画出精美的图画。画是空间的艺术，而诗是时间艺术，但真正的诗和画是时空兼容，甚至超越时空的，所谓“诗中有画，画中有诗”。诗和画的神妙处不完全在诗、画的本身，而在它的画面、文字之处，所谓“不着一字，尽得风流”。

云霞与青松

累月独处①，一室萧条②，取云霞为侣伴，引青松为心知③。或稚子老翁④，闲中来过，浊酒一壶，蹲鸱一盂⑤，相共开笑口⑥，所谈浮生闲话⑦，绝不及市朝⑧。客去关门，了无报谢⑨，如是毕余生足矣。

【注释】

①累月：一连数月。

②萧条：寂寞冷清。

③心知：知心朋友。

④稚子：小孩子。

⑤蹲鸱：大芋。俗称芋奶，芋艿，芋头。

⑥相共：共同。

⑦浮生闲话：生活中平淡的家常话。浮生，人生。古代老庄学派认为人生在世虚浮不定，故称人生为浮生。

⑧及：谈及。市朝：市肆朝廷。

⑨了无：完全没有。

【译文】

一连数月独自居住，虽然一屋子冷清萧条，但是，却有云霞做我的伴侣，青松当我的知己。空闲时，老人会带着幼童过来拜访。这时，我便以一壶浊酒、一盘大芋招待客人，大家一起开怀大笑，所谈论的都是家常琐事,绝口不谈市肆朝廷方面的俗事。客人聊得尽兴了便告辞而去,客人用不着道谢,主人也不需起身相送。如能这样过一辈子,我就心满意足了。

【赏析】

有人追求轰轰烈烈的生活,有人却觉得平平淡淡才是真。追求轰轰烈烈,这是常人的心态;而追求恬淡闲适的生活,这是对生活大彻大悟的人拥有的生活智慧。他们离群独居,以云霞、青松为伴,也觉得生活非常美好。如果还能有看破红尘的老人和不受尘染的幼儿拜访,谈谈日常琐事,更加心满意足。他们的生命就像一条清澈的小溪,慢慢地流淌,在平平淡淡中蕴含了生活的美好。渴求名利的人,得之则喜,失之则忧,永无宁日,并没有得到生活的乐趣。一个人只要有自己生活的境界,无论在朝在野,都能快快乐乐地生活。

宽窄与长短

耳目宽则天地窄[1]，争务短则日月长[2]。

【注释】

①耳目宽：耳聪目明，见多识广。

②争务：争名逐利的事务。

【译文】

如果见多识广，便会觉得天地狭小；将争名逐利的事务减少，就会觉得时间清闲而悠长。

【赏析】

一个人见多识广，借鉴他人的宝贵经验，这对做好事情是必要的。但见多识广也是一把双刃剑，如果一味贪求多见多闻，做事时事事以见闻为依据，便会觉得天地狭小。许多事情，听了还不如不听；许多情状，看了还不如不看。我们要有盲者和聋者的智慧，去听那无声之声，见那无色之色。当我们倾耳去听，极目去看时，我们所闻所见都是有限；当我们闭目去看，掩耳去听时，我们便掌握了无限。人们在追逐名利时，事事计较，绞尽脑汁，所以会觉得生活多艰，岁月难熬，一旦将追逐名利的事务减少，心底明净，就会觉得时间清闲而悠长。

家中与物外

从江干溪畔箕踞①，石上听水声，浩浩潺潺②，粼粼泠泠③，恰似一部天然之乐韵。疑有湘灵④，在水中鼓瑟也。

【注释】

①江干：江边。箕踞：屈腿而坐。

②浩浩：水势盛大的样子。潺潺：水徐缓流动的样子。

③粼粼：水波荡漾的样子。泠泠：声音清脆。

④湘灵：传说中的湘水女神，善于弹琴。

【译文】

在江边或溪岸石上屈腿而坐，倾听流水声，时而声势浩大，时而浅吟低唱，就好像一首大自然的乐曲。不禁令我怀疑是否有湘水的女神，在水中弹奏琴弦。

【赏析】

“仁者乐山，智者乐水”，山水给人以无穷的昭示和力量、无限的智慧和遐想。一个热爱自然的人，他能够从山水中读懂自然的音符，获得无限的乐趣。就是在江边或溪畔，倾听潺潺的流水，也就像聆听美妙的音乐一样。在神清气定之间，仿佛感觉到湘水女神在水中弹奏琴弦。一个人只要做到内心宁静祥和，物我合一，登高山则能听高山的雄伟呼唤，临溪流则能闻溪流的喃喃私语；甚至闲坐家中，也能神游物外。只要我们凝神感受大自然，其美妙的音乐是无处不在的。

书厨与名饮

有书癖而无剪裁[1]，徒号书厨[2]；惟名饮而少蕴藉[3]，终非名饮。

【注释】

①书癖：喜欢读书的癖好。剪裁：对书本知识的安排取舍。

②书厨：比喻读书虽多但不能灵活运用和适当取舍的人。

③名饮：此处指善于饮酒的人。蕴藉：蕴含在饮酒之中的文化意趣。

【译文】

有读书的癖好，却对书中的知识不加取舍和选择，这种人不过像书柜罢了；只具备善饮酒的名声，却不懂得饮酒所蕴含的文化意趣，终究不算是善饮之人。

【赏析】

天下的书汗牛充栋，如果读书无所选择，那就是一个书架而已。

人们要获得广博的知识，读书学习是唯一的途径。但天下的书不可能通读，所以要有所选择，有些书精读，有些书泛读，有些书不读，从而满足自己读书学习的需要。其实，生命本身就是一本大书，如果我们能够读懂这本大书，并能从其中获得智慧，那我们就是真正善于读书的人。饮酒的意趣不在酒的本身，而在于酒所蕴含的文化情趣，“醉翁之意不在酒，在乎山水之间也”。而世上有些人狂喝豪饮，酩酊大醉，自以为懂得饮酒之乐，其实早已远离饮酒的情趣。真正善饮的人，豪饮也好，微醺也罢，都是从中体会饮酒所蕴含的文化意趣。

美酒与天堂

鸟啼花落，欣然有会于心[①]，遣小奴，挈瘿樽[②]，酤白酒[③]，饮一梨花瓷盏[④]，急取诗卷，快读一过以咽之，萧然不知其在尘埃间也[⑤]。

【注释】

①有会：有感触，有体会。挈：携带。
②瘿樽：一种口小腹大的酒瓮。
③酤：买酒。
④瓷盏：瓷质小酒杯。
⑤萧然：潇洒快意的样子。

【译文】

听到鸟鸣，看见花落，内心颇有感触，引起一阵欢喜，立刻派小僮带着酒樽买回白酒，以梨花酒杯饮下一杯，并马上取来诗卷迅速读一遍，当做下酒的美味，这时胸中顿觉神清气爽，仿佛不知道自己还置身于凡间。

【赏析】

一个热爱生活的人，总是会从生活中得到乐趣。乐趣并不在远处，就在我们普普通通的日常生活中，而人们却往往舍近求远。在鸟鸣花落中饮酒吟诗，感觉像天堂般美好，这完全取决于对生活的一种达观的态度。在这里，人们追求的不是物质的享乐，而是心灵的享受，感觉到了人在生活中的真实存在。如果只看重名利，又哪里会得到这种乐趣呢？最可怜的是那些拥有金钱地位，却不懂得安排自己生活的人。他们一味地追寻名利，永不满足，所以“长恨此身非我有，何时忘却营营”，很少从生活中得到快乐。“我本无心说笑话，谁知笑话逼人来”，生活中从来不乏快乐的事情，只是有些人无心体味快乐而已。

天成与人造

自古及今山之胜[1]，多妙于天成[2]，每坏于人造[3]。

【注释】

①胜：优美、绝妙。

②天成：天然形成。每：往往。

③人造：人工制造。

【译文】

从古到今的名山绝妙之处，大多由天然生成，往往被人造的景观所破坏。

【赏析】

天然的美是最美好的，所谓“清水出芙蓉，天然去雕饰”。就是写文章，也是天然的美妙文章，“文章本天成，妙手偶得之”。从我国著名的风景名胜来说，泰山天下雄，华山天下险，峨眉天下秀，黄山天下奇，青城天下幽，这都是大自然的鬼斧神工。但是，人们对于自然的风物，总是喜欢加以改造，结果弄得不伦不类，反而失去了原来的自然美。例如，作为我国首批列入世界自然遗产名录的张家界武陵源风景区，却因存在大量粗制滥造的人工建筑，被联合国遗产委员会亮出“黄牌”，尖锐提出“武陵源的自然环境已经像个被围困的孤岛，其城市化对其自然界正在产生越来越大的影响”。其实，只要我们保持自然风景的原貌，就是保留了自然的美，就会造福后人。

清闲与忧患

清闲无事，坐卧随心[①]，虽粗衣淡饭，但觉一尘不淡[②]。忧患缠身，繁扰奔忙，虽锦衣厚味[③]，只觉万状苦愁[④]。

【注释】

①随心：随自己心愿。

②一尘不淡：没有一点平淡乏味的感觉。

③锦衣：华贵的衣服。厚味：美味佳肴。

④万状：万般，非常。

【译文】

有的人，清闲无事，是坐是躺随自己的心意，虽然穿的是粗布衣服，吃的是粗茶淡饭，却觉得有滋有味。有的人，忧患缠身，事务繁杂，奔波劳碌，虽然穿的是绫罗绸缎，吃的是美味佳肴，却觉得愁苦不堪。

【赏析】

对于什么是痛苦，什么是快乐，从不同的世界观出发，就会有不同的结论。有的人穿的是粗布衣服，吃的是粗茶淡饭，却觉得生活有滋有味；有的人穿的是绫罗绸缎，吃的是美味佳肴，却觉得生活愁苦不堪。实际上，人的快乐与痛苦不是取决于物质条件，而是取决于人们是否能从生活中得到适意。有的人生活清苦，但他们心底明净，生活闲适，所以非常快乐；有的人生活奢华，但他们俗务缠身，忙忙碌碌，所以非常痛苦。不管一个人是贫穷还是富有，这都是生命存在的形式，因此我们要把握生活，而不是被生活所牵累。人们一旦有太多的俗物缠身，往往就会失去了自己，而不能真正地享受生活。

舞蝶与飞絮

舞蝶游蜂[①]，忙中之闲，闲中之忙。落花飞絮[②]，景中之情，情中之景。

【注释】

①舞蝶游蜂：翩翩起舞的蝴蝶，悠然游戏的蜜蜂。

②飞絮：随风飘飞的柳絮。

【译文】

蝴蝶翩翩舞，蜜蜂急急飞，它们忙碌中有着闲情，闲情中又显得忙碌。繁花凋落，柳絮飞扬，这样的景色蕴含着情趣，这样的情趣又使得景致更美了。

【赏析】

蝴蝶翩翩起舞，蜜蜂绕来绕去，看上去忙忙碌碌，实际上它们是随心所欲，自由自在。所以说它们忙中有闲，闲中有忙。人们生活在世上也是忙忙碌碌的，或追求于名利，或执着于物欲，永远也没有休闲的时候。比起那小小的蝴蝶、蜜蜂，我们是不是少了一点对生命的真实体验呢？繁花凋落，柳絮飞扬，这既是自然界中一道美丽的风景，又包含了瓜熟蒂落的生活哲理，所以这样的景色蕴含着生活的情趣，所谓“落红不是无情物”。也正因为这样的情趣，又使得景致更加美丽。明白了这生活的哲理，我们就会坦然地面对生活中的风风雨雨，因为一切都会过去的，就像满天的柳絮一般，随风飘逝。

栖鸟与隐士

鸟栖高枝[1]，弹射难加[2]；鱼潜深渊，网钓不及；士隐岩穴[3]，祸患焉至[4]？

【注释】

①栖：栖息。

②弹射难加：用弹丸射击难以射到。

③岩穴：山洞。

④焉至：怎么会降临？焉，疑问词。

【译文】

鸟栖息在高高的树枝上，用弹弓难以打到它；鱼潜在水深的地方，用鱼网鱼钩难以捕获它；有学问的人隐居在山洞里，祸患哪会降临到他头上呢？

【赏析】

躲避祸患的最好办法之一，就是逃离祸患发生的环境，就像鸟栖息在高高的树枝上，用弹弓难以打到它；鱼潜在水深的地方，用鱼网鱼钩难以捕获它。那么人类又如何躲避祸患呢？《桃花源记》云："自云先世避秦时乱，率妻子邑人，来此绝境，不复出焉，遂与外人间隔。问今是何世，乃不知有汉，无论魏晋。"在我国古代，遇到政治腐败、社会动荡、学术凋敝的乱世，只要隐居山野，往往可以洁身自好，躲避祸患。隐居山野固然可以躲避祸患，但这并不是解决问题的最好方法。真正要躲避祸患，还是要从根本上改变祸患发生的环境。唐太宗李世民注意网罗人才，他看见新进士进进出出，高兴地说："天下英雄尽入吾彀中矣。"在政治清明的环境下，又何必要隐居山野呢？

尘中与物外

混迹尘中①，高视物外②；陶情杯酒，寄兴篇咏③；藏名一时④，尚友千古⑤。

【注释】

①混迹：使行踪不显露于众人之中。

②高视物外：高远的眼光超越了人世间的物累。

③寄兴篇咏：在诗词歌赋中寄托兴致。

④藏名：隐藏声名。

⑤尚友：上与古人为友。尚，通“上”。

【译文】

在尘世间隐藏形迹，眼光高远，超出世间的物累；在酒杯中得到乐趣，在诗文中寄托意兴；暂且隐匿自己的声名，只在精神上与古代圣贤结为朋友。

【赏析】

人生在世，或注重精神上的追求，或注重物质上的追求。注重精神上追求的人，他就隐身于茫茫的人海之中，但眼光高远，不为尘世所牵缚。他们或在酒杯中得到乐趣，“花间一壶酒，独酌无相亲”；或在诗文中寄托意兴，“李白斗酒诗百篇，长安市上酒家眠”。对酒当歌，赋诗作文，全在于那无欲无求的心境。眼光高远的人，他们能看破名利，不在意人生的得失，能在精神上与古代圣贤发生共鸣。“生年不满百，常怀千岁忧”，能看破人间的名利得失，又何忧之有呢？

觉醒与梦幻

五夜鸡鸣[1]，唤起窗前明月；一觉睡醒，看破梦里当年[2]。

【注释】

①五夜：五更，天将亮的时候。

②梦里当年：如梦幻一般的种种往事。

【译文】

五更天时，雄鸡啼晓，睡梦中的人被唤醒了，抬起头来看见窗外明月高悬。一觉醒来，忆想当年，终于领悟那种种的往事不过就是虚梦一场。

【赏析】

李白云："天地者，万物之逆旅；光阴者，百代之过客。"在他的眼中，天地间只有逆旅和过客，因而他把生命看作一场纯粹的漂泊。浮生若梦，短暂的人生更是天地间的匆匆过客。但追逐名利的人们，即使在睡梦中也在为名利欢喜和悲伤。"雄鸡一唱天下白"，在雄鸡的啼鸣中醒来，惊觉先前的忧喜不过是南柯一梦，望着枕上的泪痕，不禁哑然失笑。梦醒时分，忆想当年，当时的爱恨情仇，富贵名利，无非是虚梦一场。在睡床上所见种种，当然是梦幻，在人世所经历的一切，在浩渺的天地间又何尝不是梦幻一场呢？但是，有的人就是热衷于做梦幻剧场的演员，为了追求名利奋不顾身，但这无异于饮鸩止渴，最终害了自己。

清风与甘雨

取凉于扇，不若清风之徐来[1]；汲水于井，不若甘雨之时降[2]。

【注释】

①徐：缓慢，慢慢地。

②时降：及时降下。

【译文】

用扇子扇来的凉风，不如缓缓吹来的自然风；从井中打出的水，不如天上及时降下的雨水。

【赏析】

在炎炎的夏日，徐徐的清风，让我们身心愉悦。当我们以扇子取凉时，我们也得到了清凉，但得不到那种闲适的心境。特别是当今，我们已经习惯了在电风扇、空调下忙忙碌碌的生活，一旦缺少了它们，就无所适从，这实际上失去的是亲近大自然的心境。当我们需要饮水时，汲水于井，固然能满足我们的需要，但却没有天降的甘露那样合人心意。美丽的大自然，是上苍对人类的赐予，人类从中休养生息。但是，随着人类对自然的过度开发利用，自然被严重地破坏，生态平衡已被打破，人类将越来越难以在地球上生存。大自然赐予我们的已经够多了，如果我们还不知道珍惜，那我们自己将会走上绝路。

月榭与云房

月榭凭栏[1]，飞凌缥缈[2]；云房启户[3]，坐看氤氲[4]。

【注释】

①榭：建筑在高土台上的木屋。凭栏：倚靠着围栏。

②飞凌：飞向高远之处。凌，攀登，升高。缥缈：隐隐约约，似有似无的样子。

③云房：云雾环绕的屋子。户：单扇为户，双扇为门。泛指门。

④氤氲（yīn yūn）：烟气弥漫的样子。

【译文】

月光下，倚靠着高台的栏杆，心思早已飞向那若隐若现的幻境。坐在云雾环绕的屋子里，打开门扉，欣赏山间云烟弥漫的景致。

【赏析】

天上明月，照尽无边的山河大地，无边的世间梦境。在夜深人静的时候，独立高台，瞻望明月，心思早已飞向那若隐若现的幻境。张若虚《春江花月夜》云："人生代代无穷已，江月年年只相似。不知江月待何人？但见长江送流水。""斜月沉沉藏海雾，碣石潇湘无限路。不知乘月几人归，落月摇情满江树。"在浩渺的宇宙中，人是多么的渺小，所以古往今来，无数人对人从何处来、到何处去发出了梦呓般的疑问。

静静地坐着，看那山间升起的烟云千变万化，没有一刻停留。既然人生短暂，我们就要有一颗晶莹透明的心，无意于人世的声色名利追逐，获得心灵的安详宁静，那就会一切顺其自然，像天上氤氲的云彩一样自由自在了。

离道与弃德

文、行、忠、信[①]，孔子立教之目也，今惟教以文而已；志道、据德、依仁、游艺[②]，孔门为学之序也，今但学其艺而已。

【注释】

①文、行、忠、信：语出《论语·述而》："子以四教：文、行、忠、信。"意思是说孔子用四种内容教育学生，即文献、实践、忠诚、信实。

②志道、据德、依仁、游艺：语出《论语·述而》："子曰：'志于道、据于德、依于仁、游于艺。'"意思是志向在道，根据在德，依靠在仁，而游憩于礼、乐、射、御、书、数六艺之中。

【译文】

文、行、忠、信，是孔子教导学生所设立的科目，现在却只剩学文了；志道、据德、依仁、游艺，是孔门弟子求学的次序，现在却只剩学艺了。

【赏析】

孔子作为儒家学说的创始人，他确立了教导学生所设立的科目，即文、行、忠、信，其中文代表知识，行代表行为，忠、信则是品性上的修养，这四者相辅相成，缺一不可。然而，随着社会的变化，人们在教学中的功利目的越来越强，仅注重外在知识的获取，而不注重品德修养的培养，这样使受教育者既不能掌握自己的心性，也不明白生命的本质和意义。孔子还确立了为学的次序，即志道、据德、依仁、游艺，其中道、仁、德是指人们在品德方面的修养，艺是指礼、乐、射、御、书、数六门技艺，游艺必须以志道、据德、依仁为本，这样才使技艺建立在有道德作为保障的基础上。现在的求学者只求艺而不求德，只能是舍本逐末。

怀刑与务本

隐微之衍[①]，即干宪典[②]，所以君子怀刑也[③]；技艺之末[④]，无益身心，所以君子务本也[⑤]。

【注释】

①衍：过失，错误。

②干：触犯。宪典：法令、制度。

③怀刑：心中装有刑法。

④末：末流。

⑤务本：致力于学问的根本。务，致力，专力从事。

【译文】

一些不经意的过失，却有可能触犯法度，所以君子心中要装有刑法，以免违法。技艺是学问的末流，对身心并无益处，所以君子要致力于学问的根本，不必注重枝节。

【赏析】

孔子云："君子怀刑，小人怀惠。"意思是君子关心法度，而小人关心恩惠。人非圣贤，孰能无过？也许在不经意间，人们就会犯下过错，甚至违反法纪，所以必须时时在心中装有法度，以免违法。古往今来许多人一失足成千古恨，就是因为过于关心恩惠，目无法纪，最终害人害己。《论语》曰："君子务本，本立而道生。"意思是君子专心于树立基础，基础树立了，道也就产生了。现代许多人热衷于学问，而往往忽视学问的根本。其结果是只知放纵身心的享受，不知加强道德修养的可贵。从技艺与道德两者的关系来看，技艺是学问的末流，道德是学问的根本，只有抓住了学问的根本，技艺才能发挥其效用。

知学与立志

士既知学[1]，还恐学而无恒[2]；人不患贫[3]，只要贫而有志。

【注释】

①士：读书人。既：已经。

②无恒：没有恒心。

③患：担忧，担心。

【译文】

读书人已知求学的重要性，就只怕他们缺乏做学问的恒心；人不必为贫穷担忧，只要穷得有志气。

【赏析】

所谓知学，就是知道做学问的目的是一种高尚的精神追求，也是学者贡献社会的崇高的精神活动。学海无涯，知学之后还要有恒心和毅力，否则即使知学，却无做学问的恒心，也只会一事无成。要有做学问的恒心和毅力，关键是要能够从学问中得到乐趣，这样才能孜孜以求，实现人生的理想。孔子曰："君子固穷，小人穷斯滥矣。"意思是说君子能安于穷苦，而小人则因贫穷而做坏事。自古以来，正人君子贫穷的时候居多，因为他不取不义之财，不会为了财利而出卖自己的人格。相比之下，有些人为了沽名钓誉，不惜出卖自己的人格，虽得一时之利，却留下永远的笑柄。因此，人不必为贫穷担忧，只要穷得有志气。

心秀与心空

用功于内者[①]，必于外无所求[②]；饰美于外者，必其中无所有。

【注释】

①内：内在，内心。

②外：外在事物。

【译文】

内在努力，追求进步的人，必然对外在事物没有苛求；外表装饰，只图好看的人，必然内心没有什么修养。

【赏析】

一个人有外在的追求，也有内在的追求。注重内在追求的人，他们对外在的事物没有什么苛求，就像颜回“一箪食，一瓢饮，在陋巷”也不改其乐。对于他们而言，内在的精神生活比一切外界的事物更贴近生命的真实。有了对内在生命的真实把握，就不会太执着于声色名利等外在的事物。一个人的美有外在的，也有内在的，两者是相辅相成的辩证关系。如果一个人只注重内在的美，甚至衣冠不整，这也是不可取的。如果一个人太过于注重外表的修饰，往往是因为内心没有什么修养。注重内在生命的人，他们的一切行为都出于自然，名利也好，修饰也好，都不会去刻意追求。

人谋与天成

盛衰之机[1]，虽关气运[2]，而有心者必贵诸人谋[3]；性命之理[4]，固极精微[5]，而讲学者必求其实用。

【注释】

①机：事物的关键、枢要。

②气运：气数和命运。

③人谋：人为的努力。

④性命：生命。

⑤精微：微妙。

【译文】

兴盛衰败的关键因素虽然和运气有关，但有心人一定会重视个人的努力。关于生命的道理，固然极其微妙，但讲解这方面学问的人一定要注重它的实用性。

【赏析】

孟子云:“天时不如地利,地利不如人和。”天时、地利是客观存在的条件,我们能够充分利用却不能改变,但人和是主观方面的作为,只要个人努力就可以改变。人们常说“谋事在人,成事在天”,就是说尽管做事成功与否取决于天意,但人谋是成功的重要条件。有些人做事时消极无为,不发挥个人的主观能动性,其结果往往只能是失败。关于生命的道理,这是极其微妙的学问,但讲解这方面学问的人一定要注重它的实用性。如果在讲解这方面的学问时,只讲玄而又玄的大道理,而不注重人生在世生活的实际意义,容易使人陷入到虚无之中。

资性与境遇

鲁如曾子①，于道独得其传，可知资性不足限人也②；贫如颜子③，其乐不因以改，可知境遇不足困人也。

【注释】

①鲁：迟钝，笨拙。曾子：即曾参，春秋时期鲁国人，孔子的著名弟子。

②资性：天性，资质。

③颜子：即颜回，字子渊。孔子著名弟子。《论语》："一箪食，一瓢饮，在陋巷，人不堪其忧，回也不改其乐。贤哉，回也！"

【译文】

像曾子那样愚笨的人，却唯独他能将孔子之道加以传扬，可见天资并不足以限制一个人；像颜回那样贫穷的人，却不因此而失去他的快乐，可知境遇并不足以困住一个人。

【赏析】

一个人成功与否，其天资是一个重要的因素，但不是唯一因素。像孔子的学生曾子天资并不聪明，但他却创作了最代表儒家思想的《大学》一书，曾子的弟子子思创作了《中庸》一书，曾子是真正能将孔子之道流传下来的人。由此可见，资质并不足以限制人，天资不高却不肯努力，那才会限制人。人的快乐是否与环境有关，关键在于一个人对生活的认识。有的人汲汲于名利，一旦不可得，就怨天尤人，认为造化弄人。有的人心底无私，像颜回那样一箪食，一瓢饮，也不改其乐，因为他的快乐并不依附在外界的环境上，而是由内心自生的。由此可见，境遇并不足以困住一个人，自己过于看重身外之物，那才足以困住一个人。

敦厚与谨慎

敦厚之人，始可托大事，故安刘氏者[1]，必绛侯也[2]；谨慎之人，方能成大功，故兴汉室者，必武侯也[3]。

【注释】

①刘氏：指汉高祖建立的刘家王朝。

②绛侯：即周勃。汉初大臣，秦末从刘邦起义，以军功为将军，封绛侯。

③武侯：即诸葛亮，在刘禅继位后，他被称为武乡侯，故称武侯。

【译文】

忠厚诚挚的人，才可将大事托付给他，因此能使汉朝安定的，必是周勃这个人；言行谨慎的人，才能够成就大事业，因此能使汉室复兴的，必是孔明这个人。

【赏析】

周勃是汉初的大臣，他为人质朴刚毅，老实忠厚，被汉高祖称为可以托付大事的人。忠厚诚挚的人，其立场必定坚定，因而可以托付大事。有些人头脑灵活，善于见风使舵，其看似忠诚，但一见到风吹草动，马上就会做墙头的芦苇，这样的人又怎么能托付大事呢？言行谨慎的人，才能够成就大事业。诸葛亮就是一个言行谨慎的人，所谓“诸葛一生惟谨慎”。诸葛亮辅佐刘备，人们都注意到他的神机妙算，其实这一切无非是他谨慎过人罢了。成就大事业最需谨慎，往往一步不慎，全盘皆输，留下永远的遗憾。当然，过于谨慎，也往往会导致犹豫不决，难以做成大事。刘备的三分天下，离不开诸葛亮的谨慎，但诸葛亮的谨慎，也影响了蜀国后继人才的选拔，诸葛亮死后朝中竟无人才可用。

救祸与宥罪

以汉高祖之英明，知吕后必杀戚姬①，而不能救止，盖其祸已成也；以陶朱公之智计②，知长男必杀仲子③，而不能保全，殆其罪难宥乎④！

【注释】

①吕后必杀戚姬：吕后一定要杀死戚姬。吕后是汉高祖刘邦的皇后，而戚姬是刘邦宠爱的妃子，吕后怀恨在心，在刘邦死后杀死了戚姬。

②陶朱公：即春秋时期有名的大臣范蠡，他辅佐越王消灭吴国，后化名陶朱公，在陶山过着隐居的生活。

③仲子：第二个儿子。范蠡的第二个儿子在楚国杀人被判处死刑，他的大儿子爱弟心切，坚决要求去救助弟弟，但大儿子知道生活的艰难，珍惜金钱，导致了范蠡的第二个儿子没有脱逃死罪。

④宥：宽恕、原谅。

【译文】

像汉高祖如此大略的帝王，明知死后吕后会杀他心爱的戚夫人，却无法加以制止，大概是因为祸事已经酿成了。而如陶朱公那样足智多谋的人，明知他的长子导致次子被杀，却无法加以保护，一定是因为他次子的罪孽本来就难以原谅吧！

【赏析】

汉高祖刘邦宠爱戚夫人，吕后怀恨在心。刘邦死后，吕后便杀害了戚夫人和她的儿子赵王如意。刘邦雄才大略，却不能阻止吕后杀戚夫人，这大概是天意吧。天下最难解决的问题，便是潜藏在人心的仇恨。人心的仇恨没有解决，即使汉高祖英雄盖世，也不足以阻止家庭惨祸的发生。范蠡是春秋时期有名的大臣，他辅佐越王消灭吴国，然后功成身退，可见他是个料事如神的聪明人。然而当他的次子在楚国杀人后，他已知让长子带金救赎很可能会因惜金而误事，却还是让长子去救助。因为就情而言他当救次子，然就理而言杀人本是难恕之罪，所以明知他的长子会杀害次子，却还是没有加以保护，这大概也是天意吧。

忠厚与勤俭

处世以忠厚人为法[①]，传家得勤俭意便佳[②]。

【注释】

①法：规范、准则。此处引申为榜样。

②传家：传授后人。意：意义。

【译文】

为人处世，要以忠实敦厚的人为榜样；传授后人，使他们懂得勤劳俭朴的真意便是最好的了。

【赏析】

忠是忠诚，所谓“受人之托，忠人之事”。厚是敦厚，严于律己，宽以待人。忠厚是为人处世的准则，它于人于己都有利，因此处世要以忠厚作为标准。现实生活中，有些人以投机取巧为能事，虽获得一时之利，却失去了为人的基本准则。至于要家道历久不衰，既不在留多少财产，也不在留传家宝物，真正的传家之宝，唯有“勤俭”二字。留任何东西给子孙，他们都可能花费殆尽；只有学得勤俭的美德，子孙才可永世不致困窘，较之万贯家财，实在更为可靠而有效。唐代名将郭子仪在修建房舍时，起初天天来监工，修建房屋的人对他说：“我修建房屋若干，只见房屋换主人的，没见房屋倒塌的。”郭子仪听后明白了这个道理，此后再也不来监工了。

穷理与反省

紫阳补《大学》格致之章[①]，恐人误入虚无[②]，而必使之即物穷理[③]，所以维正教也；阳明取孟子良知之说[④]，恐人徒事记诵[⑤]，而必使之反己省心，所以救末流也[⑥]。

【注释】

①紫阳：即朱熹。南宋哲学家、教育家，字元晦，号晦庵，别称紫阳。《大学》：四书之一，为儒家的经典著作。

②虚无：虚假，乌有。

③即物穷理：抓住事物本质。即，接近，走近。

④阳明：即王阳明，明代哲学家，阳明学派创始人。

⑤徒：只，仅。

⑥末流：已经衰落并失去原有的精神实质的学术流派。

【译文】

朱子注《大学》“格物致知”一章时，特别加以说明，只怕学人误解而入虚无之道，所以坚决要求他们穷尽事物之理，目的在于维护孔门正教。王阳明取孟子良知良能之说，担心学子只知死记硬背，所以坚决要求他们反观自己的本心，目的在于挽救那些只知死读书的人。

【赏析】

朱熹是南宋著名的理学家，他认为格物致知就是要穷究事物之理，只有先穷尽事物之理，方能修身、齐家、治国，并明德于天下；明代著名的哲学家王阳明则认为，社会的纲常名教不是外在的，而是人们心中固有的、内在的道德良知。从我国古代儒家哲学的发展来看，王阳明是对朱熹理学的反思。以朱熹等为代表的理学一系，将社会的纲常名教提升到天理本体的高度，同时也将它们规定为一种外在的绝对，脱离了现实的生命与生活。王阳明所建立的理论体系，旨在唤醒人们内心中的良知，要求人们去发现、保持并且扩充这一良知，按照这一良知去行动和生活。所以说，王阳明担心学子只知死记硬背，所以坚决要求他们反观自己的本心。

善良与凶恶

人称我善良，则喜；称我凶恶，则怒。此可见凶恶非美名也，即当立志为善良[①]。我见人淳谨[②]，则爱；见人浮躁，则恶。此可见浮躁非佳士也，何不反身之淳谨？

【注释】

①即当：就是应当。

②淳谨：淳厚谨慎。

【译文】

别人说我善良，就很喜欢；说我凶恶，就很生气。由此可见，凶恶不是好名声，所以应当立志做个善良的人。我看到别人淳厚谨慎，就很喜爱；看到别人心浮气躁，就很厌恶。由此可见，心浮气躁不是优秀之人，何不使自己成为一个淳厚谨慎的人呢？

【赏析】

人们喜欢善良、向往善良，因为善良才能和平相处，善良才能摆脱内耗，善良才能天下太平。而相比之下，凶恶就不是好的名声，即使是凶恶的人，也不愿背上凶恶的名声，所以我们应当立志做个善良的人。当然，在有些情况下一味善良的也不足恃。东郭先生和狼、农夫和蛇的故事告诉我们，如果你的对象是狼或者蛇，善良就是自取灭亡。淳厚谨慎与心浮气躁，是对生活的不同态度，也往往带来不同的结局。淳厚谨慎的人，做事踏实细致，往往事半功倍；而心浮气躁的人，做事浮于表面，往往事倍功半，甚至一事无成。因此，我们要努力使自己成为一个淳厚谨慎的人。

宽平与严厉

处事宜宽平①，而不可有松散之弊；持身贵严厉②，而不可有激切之形。

【注释】

①宽平：宽厚、平和。

②持身：立身。

【译文】

处理事情应当宽厚平和，但是不可以因此而有松懈、散漫的弊病。立身最好能够严格要求，但是不可以因此而有激烈、急切的表现。

【赏析】

要做好一件事情，应该有正确的态度与方法。如果操之过急，往往漏洞百出，欲速则不达。如果过于散漫、松弛，则可能永远也达不到目标。所以操之过急或过缓都不是正确的态度，处理事情应当宽厚平和，在不急不缓中认识事物的本质，采取科学可行的方法，从而达到做事的目标。立身贵在严厉，因为人们生活在世上受到的诱惑实在太多，如果不严格要求，很容易偏离正确的轨道，甚至滑入罪恶的深渊。但是，立身也不可过激，因为过激则身心无法承受，而导致身心疲惫。有些人不注重自身的名利，只希望有所作为，但过于急切，也成为一种弊病，人生也就没有快乐可言。因此，人们应该要以一种中庸而平和的心境来要求自己。

厚人与自薄

天有风雨，人以宫室蔽之；地有山川，人以舟车通之。是人能补天地之阙也，而可无为乎？人有性理，天以五常赋之[1]；人有形质，地以六谷养之[2]。是天地且厚人之生也，而可自薄乎？

【注释】

①五常：指仁、义、礼、智、信等五种封建社会伦理道德。

②六谷：通常指稻、黍、稷、麦、豆、玉米，泛指粮食作物。

【译文】

天上有风雨，人造房屋来遮蔽它们；地上有山河，人造车船来进行交通。这说明人能弥补天地之缺失，怎么可以无所作为呢？人有理性，天以五常作为人的禀赋；人有形体，地用六谷来养活人。这说明天地对人尚且优厚,人怎么可以妄自菲薄呢?

【赏析】

人们生活在自然环境之中,既依赖于环境,又可以改造环境。天上有风雨,人们便建造房屋来遮蔽风雨;地上有山河,人们便修造车船来进行交通。可见,人们对改造自然是能有所作为的。当然,当今社会人们对自然环境进行掠夺性的开发,对生态环境造成了极大的破坏,如果人们还不悬崖勒马,最终会祸及自己。人是万物的灵长,宇宙的精华。人心中有理性,仁、义、礼、智、信可以说是天赋的美德,是天生的良知良能,充实在我们的心中。而外在的形体则有地上生出的六谷来养育,使人类的生命不致断绝。由此可见,天地对人非常优厚,人们不可以自轻于天地之间。

有道与求理

人之生也直,人苟欲生,必全其直;贫者士之常,士不安贫,乃反其常。进食需箸[①],而箸亦只悉随其操纵所使,于此可悟用人之方;作书需笔[②],而笔不能必其字画之工,于此可悟求己之理。

【注释】

①箸:筷子。

②作书:写字。

【译文】

人生来身体便是直的，可见人要活得好，一定要直道而行。贫穷是读书人的生活常态，读书人不安于贫穷，便是违背了常态。吃饭需用筷子，而筷子也只是完全随人的操纵来选择食物，由此可以悟出用人的方法。写字需用毛笔，而好笔并不能保证字画的美好，由此可以悟出凡事必须反求于自己的道理。

【赏析】

一个人要生活得好，一定要直道而行。人的身体是往直的方面发展的，人的心也是如此。如果一个人走歪门邪道，即使一时获得一些利益，但最终也会受到人们的唾弃。对于读书人来说，就是要安贫乐道。如果一个读书人过于追求物质的享受，便违背了读书人的本分，将会一事无成。吃饭需用筷子，而筷子也只是完全随人的操纵来选择食物，由此可以悟出用人的方法。写字需用毛笔，但书法的好坏，并非毛笔的好坏所能左右，同样的工具在不同人的手中，可以产生极不相同的结果。由此可见，一个人要谋求事情的成功，最好是求于自己，再好的助手与环境，都只是帮助自己的辅佐，要创造出成功的果实，必须要靠自己的努力。

遗德与遗田

家之富厚者，积田产以遗子孙[①]，子孙未必能保；不如广积阴功，使天眷其德[②]，或可少延[③]。家之贫穷者，谋奔走以给衣食，衣食未必能充；何若自谋本业，知民生存勤，定当有济[④]。

【注释】

①遗:遗留。

②天眷其德:上天眷念他的阴德。眷,眷念。

③或可少延:也许可以延长子孙的福分。

④有济:有所帮助。

【译文】

家中富有的人,将积聚的田产留给子孙,但子孙未必能够保住;不如多做好事,使上天眷念他的阴德,也许可以延长子孙的福分。家中贫穷的人,想尽办法求人提供衣食,但衣食未必能够充足;不如努力做好自己的本职,明白民生的根本在于勤奋,一定会有所帮助。

【赏析】

家中富有的人,到底要给后人留下什么遗产,这是一个值得深思的问题。有人把万贯的家财留给子孙,但自古以来富不过三代,更不用说造成了无数的败家子。因此,与其把积聚的田产留给子孙,不如遗德给子孙。祖辈父辈广施恩惠,既留给了后人积德行善的美德,又不会使子孙因家庭富足而胡作非为,这样就能保福分的长久了。人们因家庭出身、环境和机遇等的差异,会出现贫富之分。但再穷的人,只要肯勤奋工作,总还是能维持生活。如果他不努力工作,如秋天的蓬草到处飘摇,那他永远都摆脱不了贫穷的困境。贫穷的人只要努力做好本职工作,懂得民生的根本在于勤奋的道理,就一定会走出困境。

揆理与问心

言不可尽信，必揆诸理[1]；事未可遽行[2]，必问诸心。

【注释】

①揆：推测揣度。

②遽行：急切行事。

【译文】

言语不可完全听信，一定要用理性去加以判断，看是否有虚浮不实之处。遇事不可急于去做，一定要扪心自问，看是否有违背良心之处。

【赏析】

语言的交流，是人们获取信息的主要手段，但语言所传递的信息，它的可信度到底有多少，需要人们用理性去判断。有时候有人人为地传递错误的信息，以达到某种目的，这是不能不警惕的。也有的时候，因为以讹传讹，三人成虎，也传出错误的信息，听者也要冷静地思考，做出理性的判断。如果经过种种考虑，觉得可以相信，再进一步去证实和了解。做事的时候，我们不要急于求成，一定要扪心自问，看是否有违背良心之处。苍天在上，违背良心的事坚决不要做。汉代的一名官吏巡视地方，一位地方官袖藏数十金深夜来访，被这位官吏严辞拒绝。地方官讲，反正没人知道。这位官吏讲："天知、地知、你知、我知，怎么会没人知道呢？"这是君子慎独的一个典范。所以说，我们无论什么时候做事都要对得起天地良心。

兄弟与闺门

兄弟相师友，天伦之乐莫大焉；闺门若朝廷[①]，家法之严可知也。

【注释】

①闺门：指家庭。

【译文】

兄弟互为师友，天伦之乐没有比这更大的了。家庭如同朝廷一般，家法之严谨可想而知。

【赏析】

兄弟的手足之情，这是由血缘关系形成的，不可更改。如果在手足之情上再加上师友之情，那么天伦之乐没有比这更大的了。兄弟应该互相敬重，这是古人倡导的伦理道德，虽也有兄弟阋墙的现象发生，但总的来说还是手足情深。但超出血缘关系的亲情，兄弟之间互相学习，互为挚友，这就更难能可贵了。“国有国法，家有家规”，古时十分重视家教，因为这关系着子孙的贤与不肖，所以把家规与国法并列，以示其严。家规关系着家族的兴衰，如同朝廷法律关系着朝廷的盛衰一样。如果某个家族的家规与国法一样严谨，那么他们的家族必将兴旺发达，子孙必将出人头地。

成德与愈愚

友以成德也[①]，人而无友，则孤陋寡闻，德不能成矣；学以愈愚也[②]，人而不学，则昏昧无知，愚不能愈矣。

【注释】

①友以成德：朋友可以促成德业的进步。

②学以愈愚：学习可以治愈愚昧的毛病。

【译文】

朋友可以促成德业的进步，人如果没有朋友，就会孤陋寡闻，德业便难以有成。学习是为了免除愚昧，人如果不学习，就会昏庸无知，愚昧的毛病就不能医治。

【赏析】

孟子云："独学而无友，则孤陋寡闻。"每一个人由于先天的遗传和后天的环境不一样，对世界的认识和看法也就不尽相同。朋友就像一扇窗户，它让人看到了外面精彩的世界，使人在各方面得到收获。人如果没有朋友的真诚相助，就会孤陋寡闻，德业便难以有成，所以说"友以成德也"。人类的知识无穷无尽，人们要避免无知，就要努力地学习。无知通常与愚昧同在，而愚昧又给人们带来了灾难。人们寻求知识，就是要医治愚昧的毛病。人如果不学习，就会昏庸无知，愚昧的毛病就不能医治。